Jörg Ehrnsberger

Wir
vom Jahrgang
1974
Kindheit und Jugend

Impressum

Bildnachweis:

Umschlag:

Privatarchiv Familie Ehrnsberger (oben); ullstein bild – Mahn (unten);
Tommy Lücke, Hannover (Rückseite).

Innenteil:

Privatarchiv Familie Ehrnsberger: S. 4, 7, 8, 9 u., 10–12, 15, 16, 18–23 o., 24, 25, 26 o. r.,/u., 28–30, 32, 33, 35, 36, 41–45, 53–56, 61 l., 63; Bettina Deuter: S. 6; Privatarchiv Rienäcker: S. 9 o., 27 u.; ullstein bild: – iT: S. 13 o., ullstein bild – Dagmar Scherf: S. 13 u., ullstein bild – Werner OTTO: S. 23 u., ullstein bild – Teutopress: S. 40, ullstein bild – Ritter: S. 46, ullstein bild – Franz E. Möller: S. 47 u., ullstein bild – dpa: S. 48, ullstein bild – Joachim Schulz: S. 49, ullstein bild – Brinckmann: S. 50, ullstein bild – Mahn: S. 52, ullstein bild – Peter Timm: S. 57, ullstein bild – Bonn-Sequenz: S. 59, ullstein bild – Weychardt: S. 62; stargazer2020, CC BY 2.0, via Wikimedia Commons: S. 14; Tommy Lücke Hannover: S. 17; Privatarchiv Miriam Lücke: S. 26 o. l., 38, 39 o.; Sammlung Daniel Stroscher: S. 27 o., 31, 34, 39 u.; Privatarchiv Dellit: S. 47 o.; Krzysztof Golik, CC BY-SA 4.0, via Wikimedia Commons: S. 61 r.

Wir danken allen Lizenzträgern für die freundliche Abdruckgenehmigung.
In Fällen, in denen es nicht gelang, Rechtsinhaber an Abbildungen zu ermitteln,
bleiben Honoraransprüche gewahrt.

2. Auflage 2024
Alle Rechte vorbehalten, auch die des auszugsweisen
Nachdrucks und der fotomechanischen Wiedergabe.
Gestaltung und Satz: r2 | Ravenstein, Verden
Druck: Druck- und Verlagshaus Thiele & Schwarz GmbH, Kassel
Buchbinderische Verarbeitung: Buchbinderei S. R. Büge, Celle
© Wartberg-Verlag GmbH
34281 Gudensberg-Gleichen • Im Wiesental 1
Telefon: 056 03/9 30 50 • www.wartberg-verlag.de
ISBN: 978-3-8313-3074-4

Vorwort
Liebe 1974er!

Wer wird schon als Weltmeister geboren? Wir natürlich! In unserem Geburtsjahr wurde Deutschland zum zweiten Mal Fußballweltmeister. Auch wenn wir das damals nicht wirklich mitbekommen haben, gab uns das doch gleich ordentlich Schwung mit ins Leben – in ein aufregendes Leben: Viel ist passiert, viel hat sich verändert in den Jahren, bis wir volljährig wurden. Geboren wurden wir in eine Zeit des sozialen Umbruchs, als wir 15 wurden fiel die Mauer und mit 16 war Deutschland wiedervereinigt. Es gab in unserer Kindheit noch keine allgegenwärtigen Computer, kein Internet und kein Handy.

Im Fernsehen, das nur drei Programme hatte, war ab Mitternacht Sendeschluss, bei dem nur noch ein kariertes Bild mit Kreis und bunten Blöcken zu sehen war.

In unserer Freizeit trafen wir uns mit Freunden auf der Straße und spielten Fußball, Verstecken, Hüpfekästchen oder Gummitwist. Stundenlang vergnügten wir uns mit Murmeln oder fuhren zusammen mit Freunden auf Rollern und Rädern durch die Gegend. Wir erkundeten Wiesen, Wälder und verlassene Grundstücke in unserer Umgebung. Was hatten wir für eine Freiheit, die Eltern konnten uns ja nicht anrufen!

Als wir Teenager wurden und Playmobil, Lego, Fischertechnik der Kindheit hinter uns ließen, kam die Zeit der ersten Klassenpartys mit dem unvermeidlichen Übermaß an Haarschaum und Haargel, Erdnussflips und Chips, sowie ersten Schritten aus unseren Tanzkursen.

Wenn wir aus heutiger Sicht auf diese Jahre zurückblicken, dann voller Staunen über die Freiheiten und gleichzeitig die Beständigkeit unserer Jugend. Ein Zeichen für die Stetigkeit dieser Zeit waren auch die Bundeskanzler, die wir von 1974 bis 1992 hatten. Es waren nur zwei – und beide hießen Helmut.

Viel Spaß bei der Reise durch die Zeit!

Jörg Ehrnsberger

Jörg Ehrnsberger

1974–1976

Hallo Welt, da sind wir!

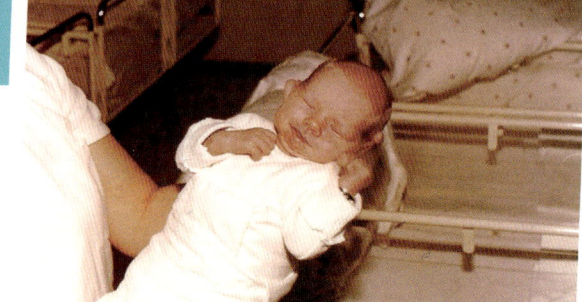

Hallo Welt, ich bin da!

So wurden wir geboren

Das erste Licht unseres Lebens erblickten wir typischerweise in einem Krankenhaus.

Hausgeburten gab es auch, aber sie waren nicht so verbreitet wie heute. Die Geburt war eine eher pragmatische Angelegenheit: Geburtsvorbereitungskurse waren Sache der Frauen und geboren wurde in Rückenlage – das war praktischer für das medizinische Personal. Unsere Väter waren bei der Geburt nicht dabei, sie waren auf der Arbeit oder mussten warten, bis die Entbindung vollbracht war und bekamen den Nachwuchs dann fertig gewickelt vorgezeigt. Meist mussten wir nachts zurück in den Babyraum. Der Grund war – so dachte man damals –, dass die Mama Erholung brauchte. Papa durfte uns zwar am

Chronik

14. Februar 1974
Mit seinem Panikorchester feiert Udo Lindenberg auf seiner ersten Tournee große Erfolge.

6. Mai 1974
Willy Brandt tritt wegen der Affäre um den DDR-Spion Günter Guillaume vom Amt des Bundeskanzlers zurück. Zehn Tage später wird Helmut Schmidt zu seinem Nachfolger gewählt.

5. Juni 1974
Der Bundestag legalisiert den Schwangerschaftsabbruch innerhalb der ersten drei Monate. Voraussetzung für diese Fristenlösung ist eine Beratung durch einen Arzt.

7. Juli 1974
Deutschland wird durch einen 2:1-Sieg gegen die Niederlande Weltmeister.

30. November 1974
Manfred Rommel, Sohn des Generalfeldmarschalls Erwin Rommel, wird zum Oberbürgermeister von Stuttgart gewählt.

11. Juni 1975
Die Bundesrepublik Deutschland und die Sowjetunion errichten Touristik-Büros im jeweils anderen Land.

1. Oktober 1975
Im „Jahr der Frau" werden die ersten weiblichen Offiziere der Bundeswehr, Ärztinnen im Sanitätsdienst, durch Bundesverteidigungsminister Georg Leber begrüßt.

1. Januar 1976
Die Gurtpflicht wird eingeführt und es wird die Richtgeschwindigkeit von 130 km/h auf Autobahnen empfohlen.

14. Juni 1976
Wenn sich Ehepaare scheiden lassen, gilt nach dem neuen Eherecht fortan das Zerrüttungsprinzip, es muss nicht mehr die „Schuldfrage" geklärt werden.

7. Oktober 1976
Helmut Kohl legt sein Amt als Ministerpräsident von Rheinland-Pfalz nieder, um Oppositionsführer im Bundestag zu werden.

15. November 1976
Die Deutsche Bundespost präsentiert die ersten Tastentelefone, die in den kommenden Jahren die Telefone mit Wählscheibe ablösen sollen.

Tag auf dem Arm halten, doch die Zeit war begrenzt und hatte sich nach dem Klinikalltag zu richten. Wir waren nicht die einzigen Neugeborenen und andere Papas wollten ihre Kinder auch sehen. Mit unserer Mama blieben wir ungefähr eine Woche im Krankenhaus. Versorgt mit allerlei Tipps und Hinweisen, ging es ab nach Hause. Hier gab es die Wochenbettbetreuung, eine Hebamme kam zu uns und prüfte, ob Mama sich erholte, ob es uns gut ging und gab Ratschläge zum Wickeln, Stillen, Baden etc. Damals wurde unseren Eltern beigebracht, dass die Bauchlage für Babys das Beste sei, da sie so am meisten von der Welt mitbekommen. Auch gab es die Vorstellung, dass in der Muttermilch Giftstoffe enthalten sein könnten, es wurde zum raschen Abstillen geraten. Es gab sogar Spritzen, die den Milchfluss stoppten.

Aber da die Frauenbewegung in dieser Zeit erstarkte, änderte sich auch rund um die Geburt vieles: Es entstanden erste Geburtshäuser, in denen die Niederkunft weniger „medizinisiert" sein sollte und die Frau selbst stärker im Mittelpunkt stand. Mütter bekamen die Möglichkeit, uns auch nachts bei sich zu haben. Väter durften bei der Geburt mit dabei sein. Frauen erhielten überhaupt mehr Mitspracherecht bei der Geburt und waren nicht allein abhängig von der medizinischen Autorität der Götter in Weiß. In diesem Zusammenhang stand auch die Änderung des

§ 218, der einen legalen Schwangerschaftsabbruch in den ersten drei Monaten nach ärztlicher Beratung legalisierte, wenngleich dies bald schon wieder vom Bundesverfassungsgericht zurückgenommen wurde. Es war viel in Bewegung, selbst wenn wir nichts davon mitbekamen.

Großer Jubel beim Finale der WM '74.

WM 74

Unser Geburtsjahr ist das Weltmeisterjahr. Es hatte ja auch lange genug gedauert, bis die deutsche Elf ihren zweiten Stern bekam, das letzte Mal wurde sie 1954 Weltmeister. Aber diesmal klappte es: Mit 2:1 gewann die Bundesrepublik Deutschland am 7. Juli im Finale in München gegen die Niederlande und war damit Weltmeister und Europameister gleichzeitig. Die beiden Tore kamen von Paul Breitner und Gerd Müller und sicherten Deutschland den Pokal. Dieser Pokal wurde für die WM neu designt, denn 1970 war Brasilien zum dritten Mal Weltmeister geworden und durfte damit den alten Pokal behalten. Die neue Trophäe war aus purem Gold und zeigte zwei Fußballspieler, die zusammen die Weltkugel halten. Fast wäre es aber gar nicht zum Titelgewinn gekommen, das „Sparwasser-Tor" kam dazwischen: In der Vorrunde siegte die Auswahl der DDR im ersten Aufeinandertreffen der beiden deutschen Mannschaften am 22. Juni überraschend durch das Tor von Jürgen Sparwasser in der 78. Minute. Dieses Tor wurde politisch ausgeschlachtet, wird aber heute gern zugunsten des Gesamtsieges etwas unter den Teppich gekehrt.

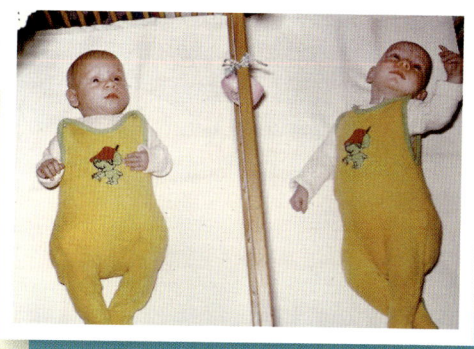

Mitten hinein in die bunte Welt der 70er

Wovon wir aber etwas mitbekamen, zumindest gaben sich unsere Eltern große Mühe uns dafür zu begeistern, waren die Glückwunschkarten zur Geburt. Es war damals noch üblich, dass nicht nur Freunde und

Gleich im Doppelpack – und in den knalligen Farben der 70er gekleidet.

Verwandte sich die Zeit nahmen, um eine Karte zur Geburt zu schicken, auch Arbeitskollegen, Nachbarn und entfernte Bekannte freuten sich mit und so kam schnell ein ganz schöner Stapel an Glückwünschen zusammen.

Zuhause angekommen, wurden wir in eine Wiege oder ein Kinderbettchen gelegt, das meist im Zimmer der Eltern stand. Zuerst konnten wir natürlich nur unsere Mama sehen, denn als frisch auf die Welt gekommene Babys war unser Sehfeld auf 25 cm beschränkt, was aber vollkommen ausreichte: Wir konnten erkennen, wer uns auf dem Arm hielt und was es zu essen gab. Erspart blieben uns – zumindest zu Beginn – die wilden Tapeten, die damals mit ihren großen Mustern in den Trendfarben der 70er, Braun und Orange, allgegenwärtig waren.

Auch andere Dinge blieben uns verborgen: Das Alter zur Erreichung der Volljährigkeit wurde 1974 von 21 auf 18 herabgesetzt, das Alter, in dem Frauen heiraten durften, wurde von 16 auf 18 hinaufgesetzt. Unsere Eltern haben in dieser Zeit über größere Themen gesprochen, wenn wir mal schliefen: ABBA gewann mit dem Song „Waterloo" den Grand Prix de la Chanson und Udo Lindenberg ging das erste Mal mit seinem Panikorchester erfolgreich auf Tour. Sicher war es nur ein Zufall, dass einen Monat nach Produktionsstart des VW Golf 1 am 1. Mai die „Verkehrssünderdatei" in Flensburg aufgebaut wurde. Zum selben Zeitpunkt ging ein Beben durch die politische Landschaft, als Willy Brandt im Rahmen der Agenten-Affäre um den DDR-Spion Günter Guillaume zurücktrat und durch Helmut Schmidt ersetzt wurde.

Zu unserer Geburt bekamen unsere Eltern jede Menge handgeschriebener Glückwunschkarten.

IKEA

Seit 1974 gibt es IKEA in Deutschland. In unserem Geburtsjahr eröffnete in Eching bei München die erste Filiale und schon damals lag der Schwerpunkt auf Möbeln, die man selbst zusammenbauen konnte und die sich deshalb in flachen Paketen transportieren lassen. IKEA steht für „Ingvar Kamprad Elmtaryd Agunnaryd" und setzt sich zusammen aus dem Vor- und Nachnamen des Gründers, dem Namen des Bauernhofes, auf dem er aufwuchs und dem Dorf in der Nähe des Hofes. Die Kundschaft war angetan von den preisgünstigen Angeboten, aber konkurrierende Möbelhändler waren alles andere als begeistert, denn durch die Produktionsbedingungen von IKEA waren die Preise so niedrig, dass etablierte Möbelhäuser nicht mithalten konnten und reihenweise Kundschaft an IKEA verloren. Es gab Anti-Werbekampagnen und auch vor Gericht wurde versucht, IKEA zu bremsen, allerdings erfolglos. Aber es war nicht nur der Preis, der IKEA zum Erfolg verhalf, es war auch das rebellische IKEA-Image der 70er-Jahre und das Lebensgefühl der Zeit: Die rustikale Eichengarnitur aus dem elterlichen Wohnzimmer hatte für die jungen Generationen ausgedient.

Bei einer Ausfahrt im Kinderwagen im Sonnenschein schläft es sich am besten.

Einschlafen und Windeln wechseln

Das alles ging an uns vorbei, für uns war es erst mal wichtig, das Köpfchen zu heben und die Eltern durch Lachen oder Weinen dazu zu bringen, uns zu füttern, uns in den Schlaf zu wiegen oder uns die Windeln zu wechseln. Wobei das Thema Windeln in unseren ersten Jahren ein Kapitel für sich war. Es gab zwar schon Wegwerfwindeln, doch die gute alte Stoffwindel, die nach Gebrauch gewaschen wurde, war noch ziemlich populär. Sie bestand aus der eigentlichen Stoffwindel, die mit Sicherheitsnadeln fixiert wurde und einem Einlegestoff. Dieser war meist aus Baumwolle, wegwerfbare Windelvliese kamen grade erst auf. Die Mütter mussten deshalb neben der so schon anfallenden Babywäsche auch noch Windeln auskochen. Und die mussten ja nicht nur sauber werden, sondern möglichst weich, sonst demonstrierten wir eindringlich unsere Unzufriedenheit oder bekamen Windelneurodermitis. Kein Wunder, dass die Wegwerfwindeln schnell zu einem Verkaufsschlager wurden, auch wenn sie die Müllmenge deutlich erhöhen.

Was wir aßen

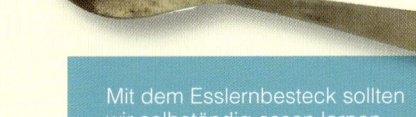

Neben der Windelfrage dominierte die Ernährungsfrage unser junges Leben. Auch wenn noch nicht ganz so viele Baby-Lebensmittel ange-

boten wurden wie heute, stellte sich schon die Frage: Babygläschen von Alete oder Hipp, welches die Marktführer waren. Im aufkommenden Umweltbewusstsein der Zeit lag Hipp vorne, denn diese Firma hatte sich früh auf Biozutaten konzentriert. Wir ahnten von diesem Konkurrenzkampf nichts. Wir wussten nur, was uns schmeckt und was nicht. Letzteres wurde dann gern im hohen Bogen ausgespuckt. Regelmäßig wurden wir auf der Babywaage mit ihrer halbrunden Waagschale gewogen und kontrolliert, ob wir genug zunahmen. Etwas später, als wir erste Versuche in Richtung Selberessen machten, bekamen wir ein Esslernbesteck geschenkt, was uns zu mehr Selbständigkeit verhelfen und so auch die Eltern entlasten sollte. Das bestand aus einem gebogenen Löffel und einem Schieber. Ob es damit immer geklappt hat, ist schwer zu sagen, wir aber hatten sehr viel Spaß, mit dem Schieber unser Essen wie Autos auf dem Teller hin- und herzufahren. Unser Teller und unsere Tasse waren aus Plastik, sodass nichts zerbrach, wenn wir mal mit dem Schieber zu kräftig arbeiteten und unser

Geschirr vom Tischchen unseres Kinderhochstuhls beförderten.

Passend zu der Aufnahme von Nahrung ging es in dieser Zeit ebenfalls darum, zu lernen, wie man die Nahrung wieder loswird. Stolz saßen wir auf dem Töpfchen, wenn es uns gelang, das kleine Geschäft ohne Windel zu erledigen. Bis wir aber die Windeln nicht mehr für das große Geschäft brauchten, sollte es noch eine Zeit lang dauern.

Von hier oben hat man einen guten Ausblick auf die Welt.

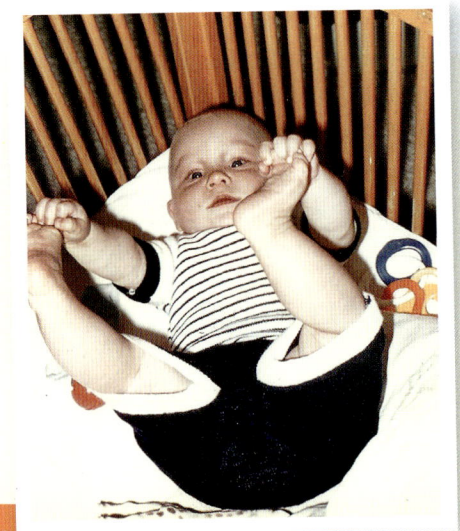

Erste Schritte in die Welt

Ganz zu Anfang verbrachten wir den Großteil unseres Tages, gehüllt in Strampler, Babymütze und Decke, in der Wiege, im Kinderwagen mit seinen großen Speichenrädern, im Tragetuch oder im Tragegestell direkt an Mama oder Papa geschnallt.

Wenn wir nicht schliefen, vergnügten wir uns im Laufstall, wo wir mit unseren Spielzeugen spielten und in Ruhe herausfinden konnten, wie viele Finger man sich auf einmal in den Mund stecken kann oder wie man beide Beine gleichzeitig zu fassen bekommt.

Besonders spannend aber wurde es, als es uns gelang, aus dem Laufstall oder Babybett zu klettern. Die Eltern hatten sich an unseren Mittagsschlaf gewöhnt und wir gingen auf Abenteuerreise durch die Wohnung. Was gab es da nicht alles zu entdecken: Eine Waschmaschine, in der man Lebensmittel verstecken konnte. Eine große Gefriertruhe, in der

Alles will ertastet und probiert werden.

Ob da wohl Teddys im Schrank versteckt sind?

Schätze und Köstlichkeiten versteckt waren und an die wir nur mit einem Hocker kamen. In der Küche die elektrische Brotschneidemaschine, die wir aber lieber nicht anfassten. Einen Fernseher mit Drehknöpfen und sagenhaften drei Programmen. In der Wohnzimmerschrankwand aus dunkler Eiche fanden wir Servietten, mit denen man einen Weg durch die Wohnung pflastern konnte.

Am besten aber war die Küche mit ihren Töpfen, Pfannen, Kochlöffeln und Nudelsieben. Mehr als einmal haben wir dort ein Konzert für unsere Teddys gegeben und damit den Mittagschlaf unserer Mutti unsanft beendet.

Sophie, die Giraffe

Sie lächelt, quietscht und ist unverwüstlich. Die Rede ist von Sophie, der Giraffe. Sie ist aus 100 % Naturkautschuk und wurde 1961 in Frankreich von Herrn Rampeau, einem Experten im Bereich Kautschukverarbeitung, erschaffen. Schnell verbreitete sich ihr Ruhm durch Mundpropaganda unter jungen Eltern, denn Sophie war das quietschvergnügte Spielzeug, das den Babys beim Zahnen half. In einer Zeit, in der viele Kinderspielzeuge fragwürdige chemische Bestandteile aufwiesen, war die Giraffe Sophie eine überzeugende Alternative: Sie war weich, sodass wir darauf entspannt beißen konnten und so unser schmerzendes Zahnfleisch massierten. Die kontrastreichen Flecken halfen, die Muster auf dem Körper leichter zu sehen und wer einmal an Sophie gesaugt, genuckelt und gekaut hatte, wird den Geruch nicht mehr vergessen. Mit ihren 18 Zentimetern Gesamtgröße, ihrem langen Hals und den vier schlanken Beinen war sie für uns von Anfang an gut zu greifen und zu halten. Kein Wunder, dass sie bis heute mehr als 50 Millionen Mal verkauft wurde.

1. bis 3. Lebensjahr

Unsere ersten Spielzeuge

In unseren ersten Jahren gab es aber auch eine Menge echter Spielzeuge: Autos, Puppen, Teddys und andere Kuscheltiere. Es gab diese kniffligen Steckkisten, in die wir runde oder eckige Formen stecken konnten, wenn wir denn den richtigen Eingang fanden. Je älter wir wurden, desto höher wurden die Türme, die wir aus Bauklötzen bauten, die am Ende zusammenfielen und

die wir trotzdem immer wieder neu aufbauten. Als äußerst haltbar erwies sich das Fisher-Price-Spieltelefon zum Hinterherziehen mit seinem orangenen Hörer, den Kulleraugen und der weißen Wählscheibe, die beim Drehen so herrlich und beständig klingelte.

Prominente von 1974

Zwei von uns: Victoria Beckham ...

... und Leonardo DiCaprio.

16. Januar	**Kate Moss,** *britisches Model*
22. Januar	**Annette Frier,** *deutsche Schauspielerin und Comedian*
30. Januar	**Christian Bale,** *britisch-amerikanischer Schauspieler*
13. Februar	**Robbie Williams,** *britischer Singer-Songwriter*
22. Februar	**James Blunt,** *britischer Singer-Songwriter*
5. März	**Barbara Schöneberger,** *deutsche Moderatorin*
21. März	**Anne-Sophie Briest,** *deutsche Schauspielerin*
17. April	**Victoria Beckham,** *britisches Model und Popsängerin*
28. April	**Penélope Cruz,** *spanische Schauspielerin*
3. Mai	**Ingo Zamperoni,** *deutsch-italienischer Fernsehmoderator und Journalist*
6. Juni	**Dunja Hayali,** *deutsche Fernsehmoderatorin und Journalistin*
30. Juni	**Juli Zeh,** *deutsche Schriftstellerin und Richterin am Verfassungsgericht*
22. Juli	**Franka Potente,** *deutsche Schauspielerin*
11. Nov.	**Leonardo Wilhelm DiCaprio,** *US-amerikanischer Schauspieler*
20. Nov.	**Kurt Krömer,** *deutscher Comedian und Schauspieler*
20. Dez.	**Carlos da Cruz,** *französischer Radrennfahrer*

1977–1979

Wir werden größer – unser Radius auch

Auf Rädern: Dreirad, Kettcar, Roller

Wir wurden größer und die Welt wuchs mit uns. Zuerst hatten wir krabbeln gelernt, dann laufen und schließlich rennen. Natürlich fielen wir am Anfang oft hin, aber wir standen auch immer wieder auf. Der erste Kontakt mit dem Dreirad, dem Kettcar oder dem Roller war meist in der Nachbarschaft, wenn wir ältere Kinder oder Geschwister damit herumflitzen sahen und den kindlichen Geschwindigkeitsrausch neidvoll verfolgten. Da unsere Eltern im Auto herumfuhren, war klar: Wir brauchen auch so ein Gefährt. Vielleicht nicht ganz

Chronik

1. Februar 1977
Die erste Ausgabe der Zeitschrift Emma erscheint, Herausgeberin ist die feministische Journalistin Alice Schwarzer.

22. Februar 1977
Die kleine Gemeinde Gorleben in Niedersachsen in der Nähe der Grenze zur DDR wird als Ort der zentralen Atommüll-Deponie bestimmt.

22. April 1977
Auf der norwegischen Bohrinsel „Bravo" bricht ein Sicherheitsventil und es fließen acht Tage lang stündlich 170 Tonnen Rohöl in die Nordsee.

10. Dezember 1977
Amnesty International erhält den Friedensnobelpreis.

16. Oktober 1978
Kardinal Karol Wojtyla, Erzbischof von Krakau, wird zum neuen Papst ernannt. Er nimmt den Namen Papst Johannes Paul II. an und ist seit 455 Jahren der erste Papst, der nicht aus Italien kommt.

30. Dezember 1978
Deutschland und Nordeuropa werden von einem Katastrophenwinter überrascht, Schnee liegt bis zu fünf Metern hoch und legt alles Leben lahm.

17. Januar 1979
Der erste Smogalarm in der Bundesrepublik wird im Ruhrgebiet wegen zu hohem Schwefeldioxidgehalts in der Luft ausgelöst.

12. Februar 1979
In Genf findet die erste Welt-Klima-Konferenz statt.

28. März 1979
Im Kraftwerk Three Mile Island in Harrisburg, Pennsylvania, ereignet sich der bis dato schwerste Störfall in der Geschichte der Kernenergie, es kommt zu einer partiellen Kernschmelze.

7. Oktober 1979
Die Grünen erringen bei der Wahl in Bremen erstmals Mandate in einem Landesparlament.

14. Oktober 1979
Im Bonner Hofgarten protestieren 100 000 Menschen friedlich gegen die Nutzung der Atomenergie.

Die Bauern aus der Nachbarschaft zogen ganze Schlangen von Kindern durch den Schnee.

so groß und nicht ganz so schnell, aber mit einem Dreirad konnten wir schon etwas anfangen. Beliebt war damals das Dreirad Modell Cat 1S von der Marke Puky. Es war stabil gebaut, der Schalensitz gab uns Halt, wenn wir unterwegs mal eine kleine Pause machten, um zu gucken, wo wir hingefahren waren. Die Pedale waren stabil am Vorderrad angebaut, sodass man ordentlich treten konnte, um Geschwindigkeit aufzubauen, gern bergab. Zum Glück hatte das Dreirad eine Bremse, die zwar nicht sofort griff, uns aber oft vor dem Schlimmsten bewahrte. Trotzdem gab es immer wieder aufgeschürfte Knie. Unsere Mütter wischten

uns das tränenverschmierte Gesicht ab, desinfizierten die Wunden und klebten ein großes Pflaster drüber, das wir dann wie eine Auszeichnung trugen. Abgehalten vom Weiterfahren hat uns das aber nicht. Und es war sicher gut, dass unsere Eltern nicht sahen, was wir mit dem Gefährt so veranstalteten: Kurven fahren, Dreiräder zusammenbinden oder die steile Straße hinabsausen.

So wie für unsere Eltern ein neues Auto, war für uns der nächste Schritt in unserer Fortbewegungskarriere das Kettcar. Hier war das Modell der Marke Kettler das Nonplusultra: rotes Gestänge, ein schwarzer Schalensitz, gelbe Pedalen und Speichen. Der Kettenantrieb befand sich in einem geschlossenen schwarzen Kettenkasten, sodass Finger und Kleidung zumindest keine Kettenschmiere abbekamen. Ein Kettcar war ein klarer Aufstieg vom Dreirad. Wer Kettcar fuhr, der war groß und durfte selbständig auf Hinterhöfen und Gehwegen die Welt erkunden. Vielleicht lag das auch daran, dass man mit dem Kettcar nicht mehr umfallen konnte wie mit dem Dreirad und unsere Knie geschützt waren. Meistens zumindest, denn natürlich fuhren wir nicht nur im Kreis, so wie die Eltern es sich vorstellten, sondern wir spielten damit Autoscooter: Aufeinander zufahren und es krachen lassen.

Der nächste Schritt war der Tretroller, hier waren zwar wieder Knie und Hosen in Gefahr, aber es ging deutlich schneller als mit dem Kettcar voran. Neben den nicht ganz so flotten Holzrollern mit ihren kleinen Rädchen gab es auch hier das Modell von Kettler mit dem typisch roten Gestänge und der Fußbremse. Sie presste das Bremsblech an das Hinterrad, wenn uns bei unserer rasanten Fahrt etwas in die Quere kam. Neben Rollerrennen bauten wir uns Hindernisparcours und übten Slalomfahren. Die Mutigen übten Sprünge und andere Tricks.

Im Winter, wenn es zu glatt war für unsere Roller und Kettcars, wurde der Schlitten herausgeholt und es ging Abhänge hinab oder wir ließen uns ziehen. Wenn wir auf dem Lande wohnten und Glück hatten, kam schon mal der Bauer mit seinem Traktor vorbei und zog eine lange Schlitten-Schlange durchs Dorf.

Der King of Rock 'n' Roll stirbt und der Punk wird geboren

Elvis war der Star seiner Zeit. Mit Songs wie „Heartbreak Hotel", „In the Ghetto," „Jailhouse Rock" und „Love Me Tender" wurde er unsterblich. Wegen seines Hüftschwungs wurde er auch „Elvis the Pelvis" genannt, von den Jüngeren dafür verehrt, von den Älteren skeptisch betrachtet. Neben Musik trat er in Filmen auf und wurde so zum Idol einer Generation. Am 16. August 1977 starb Elvis Presley auf seinem Anwesen Graceland in Memphis, Tennessee an einer Überdosis Medikamenten. Elvis galt als „The King of Rock 'n' Roll" und mit ihm ging musika-lisch eine Ära zu Ende. Er wurde nur 42 Jahre alt, seine Musik lebt bis heute weiter.

Nur knapp zwei Monate später, am 28. Oktober 1977 brachten die Sex Pistols ihr erstes und auch einziges Studioalbum „Never Mind The Bollocks, Here's The Sex Pistols" in England heraus. Auch wenn die Band von Anfang an von Malcolm McLaren gemanagt und von der Designerin Vivienne Westwood mit Kostümen ausgestattet wurde, setzte sie mit ihrer Musik und ihren Auftritten einen Meilenstein für die Punk-Musik.

Im Kindergarten

Bisher hatten die Eltern auf uns aufgepasst. Babysitter sprangen manchmal ein, sonst wurde die Kinderbetreuung privat organisiert, wenn die Eltern in den Beruf mussten oder andere Termine hatten. Mit ungefähr drei Jahren änderte sich unser Alltag kolossal: Waren wir bisher recht frei in der Tagesgestaltung, trat jetzt etwas ganz Neues in unser Leben: der Kindergarten. Wir hatten schon davon gehört, von Geschwistern

Zum Geburtstag gab es im Kindergarten Hüte aus Tapete.

oder Nachbarskindern, doch so recht vorstellen konnten wir uns das nicht: Unsere Mama lässt uns allein? An einem Ort, den wir nicht kennen? Mit fremden Kindern? Aber die größeren Kinder gingen gern dorthin – so schlimm würde es also nicht werden. Der Anfang war trotzdem schwer. Zeitig aufstehen, Frühstücksdose und Trinkflasche in die Kindergartentasche packen und los ging's. Die Tasche baumelte um den Hals und auch wenn die orangefarbene Trinkflasche mit dem grünen Deckel nie ganz dicht war und der Saft nach einiger Zeit ebenfalls nach Plastik schmeckte, fühlten wir uns jetzt groß. Ein stolzer Blick in den Spiegel verriet: „Jetzt bin ich ein Kindergartenkind!"

Mama ließ uns tatsächlich allein, wenn am Anfang auch nicht lange, sodass wir uns schnell an das neue Leben gewöhnten. Die Jacken und Taschen kamen an den Haken mit unserem Symbol, sodass wir unsere Sachen immer selbst finden konnten, wenn wir zum Spielen rausgingen. Mit der Zeit lernten wir die ganzen Routinen und Tagesabläufe im Kindergarten kennen und fanden neue Freunde. Morgenkreis, Singen, freies Spiel, Basteln, Mittagessen, im Garten spielen und schon wurden wir abgeholt. Es gab einen Geburtstagskalender und wer Geburtstag hatte, bekam einen Geburtstagshut aus alter Tapete, ein kleines Geschenk und brachte Kuchen und Süßigkeiten für alle mit.

So kam es bald, dass wir nicht mehr weinten, wenn wir gebracht, sondern wenn wir abgeholt wurden. Es gab hier aber auch so viel zu tun: Wir sangen

zusammen Lieder, wir malten Bilder, es wurde gebastelt. In der Spielecke gab es eine Puppenküche, eine kleine Post und einen Kindereinkaufsladen: Hier kosteten Gurken und Äpfel schon mal eine Million Mark oder an einem anderen Tag nur einen Pfennig. Unabhängig vom Preis wurde das Essen von uns frisch in der Puppenküche zubereitet und an alle Kinder, Teddybären und Puppen verfüttert, die wir dafür begeistern konnten. Wir schlüpften in verschiedene Rollen und konnten sein, wer wir wollten. Im Kindergarten fanden wir unsere ersten richtigen Freunde. Vorher hatten wir einfach mit den Kindern gespielt, die da waren. Jetzt schlossen wir Freund-schaften und verabredeten uns am Nachmittag oder am Wochenende zum Spielen. Die Kindergärtnerinnen, es waren ausschließlich Frauen, wurden von

uns geliebt, waren sie doch die ersten Erwachsenen, die so viel Zeit mit uns verbrach-ten. Sicher plauderten wir stolz manches Geheimnis unserer Eltern aus, aber die Erzieherin-nen konnten Stillschweigen bewahren.

Auch wenn wir davon nichts mitbekamen, das Jahr 1977 war ein äußerst gewalttätiges. Terroristen der RAF (Rote Armee Fraktion) erschossen am 7. April von einem Motorrad aus den Generalbundesanwalt Siegfried Buback, seinen Fahrer Wolfgang Göbel und den Leiter der Fahrbereitschaft der Bundesanwaltschaft, Georg Wurster. Am 30. Juli wurde der Vorstandssprecher der Dresdner Bank AG, Jürgen Ponto, bei einem Entführungsversuch in seinem Haus getötet.

Am 5. September gipfelte der Terror in der Entführung und Ermordung von Arbeitgeberpräsident Hanns Martin Schleyer. Bei seiner Entführung starben mit ihm sein Fahrer und drei Polizeibeamte. In der Nacht vom 17. auf den 18. Oktober nahmen sich schließlich die in Stammheim inhaftierten RAF-Terroristen Andreas Baader, Gudrun Ensslin und Jan-Carl Raspe in ihren Zellen das Leben, Irmgard Möller überlebte den Suizidversuch.

Kindergeburtstag, das Fest des Jahres

Der Kindergeburtstag war immer einer der Höhepunkte im Jahr. Viele Eltern hielten es so, dass das Kind so viele Gäste einladen durfte, wie Kerzen auf seinem Kuchen brannten. So war es eine Auszeichnung, beim Geburtstag dabei zu sein. Es gab alle möglichen Mottos bei den Geburtstagen: Piraten, Fußball, Märchen oder Cowboy und Indianer. Die Gäste kamen in der entsprechenden Verkleidung und dann gab es Spiele wie Sackhüpfen, Topfschlagen, Eierlaufen oder Blindekuh. Unsere Eltern hatten auch thematisch passende Wettbewerbe vorbereitet: Wer schießt am meisten Tore? Wer kann Plastik-Piratenmesser auf die Zielscheibe werfen? Wer kann am besten Bogen schießen?

Beliebt war auch die Rallye oder Schnitzeljagd, für die auf dem Land die Stationen mit Sägemehl und in der Stadt mit Stöckchen und Kreide auf dem Bürgersteig markiert wurden. Ziel war, die Suchenden möglichst oft in Sackgassen zu führen und zu verwirren, bis am Ende der Schatz gefunden war.

Wichtiger Teil der Feier war neben den Geschenken das Kuchenessen. Hier gab es endlich die Süßigkeiten, die wir sonst nie bekamen: ein mit Smarties bestückter Schokokuchen oder Fantakuchen mit echter Fanta drin. Das Highlight war meist aber Kalte Schnauze oder Kalter Hund: geschichteter Butterkeks mit Schokoladenglasur übergossen und dann in dünne Scheiben geschnitten. Noch mehr Schokolade war nur beim Schokoladenfondue

Wie aus einer anderen Zeit: die Dampfmaschine; daneben die Legosteine.

möglich: in der Mitte ein Topf mit flüssiger Schokolade, in den Obst und Süßigkeiten getaucht wurden und oft darin für immer verschwanden.

Am Ende der Feier gab es meist Würstchen mit Pommes, aber wir waren nicht nur von außen so voll mit Schokolade, sondern auch von innen, sodass beim besten Willen nichts mehr in den Bauch passte. Zum Abschied bekam jedes Kind noch ein Tütchen mit ein paar Süßigkeiten und kleinen Geschenken wie Radiergummis oder Figuren als Andenken an den Geburtstag.

Fasching oder Karneval

Ein ähnlicher Höhepunkt im Jahr war Fasching oder Karneval. Ob im Kindergarten, mit Freunden oder im Verein: alle freuten sich auf das Verkleiden. Beliebte Kostüme waren damals Cowboy, Indianer, Ritter, Polizist, Clown oder Figuren aus Märchen wie die gute Fee oder Sterntaler. Wir orientierten uns an den Helden, die wir kannten und toll fanden. Wer wollte denn nicht so mutig sein wie ein Cowboy, stark wie ein Bär, schön wie eine Prinzessin oder mit

Fasching im Turnverein: neben viel Sport gab es auch viele Süßigkeiten.

Gold überschüttet wie Sterntaler? Die Kostüme bastelten die Eltern meist selbst für uns aus alten Kleidungsstücken. Wir tanzten Polonäse, machten Stopp-Tanz, spielten die Reise nach Jerusalem oder versuchten uns in Ballontanz, bei dem je zwei Karnevalskinder tanzend einen Ballon nur mit dem Rumpf zwischen sich halten mussten. Wer es am längsten schaffte, hatte gewonnen. Neben lustigen Spielen gab es immer jede Menge Süßigkeiten für uns und manch einem Kind war abends etwas schlecht von zu viel Schokolade.

Faszination Fernsehen

Wir hatten zwar nur drei Programme und doch gab es nachmittags etwas für uns Kinder: Die „Sendung mit der Maus" erklärte uns die Welt bis ins kleinste Detail. Peter Lustig begeisterte mit „Löwenzahn" für Natur, Technik und Wissenschaft. „Pippi Langstrumpf", das stärkste Mädchen der Welt, nahm uns mit auf ihre Abenteuer durch die Welt.

„Wickie und die starken Männer" lehrte uns, dass es nicht immer nur auf Muskeln ankommt, sondern dass die richtige Idee zum richtigen Zeitpunkt viel mächtiger ist. „Biene Maja" und ihr schüchterner Freund Willi brachten uns die Welt der Insekten näher, denn neben den beiden Bienen spielten Spinnen, Ameisen, Stubenfliegen und Mistkäfer mit.

Unsere Spielplätze

Aus heutiger Sicht waren die Spielplätze in unserer Kindheit voller Gefahren. Doch für uns war es damals normal, dass man herunterfallen und sich wehtun kann, wenn man ein Gerüst hochklettert. Die meisten Geräte

waren aus Metall, an denen die verschiedenen Farbschichten im Laufe der Zeit abplatzten, oder aus harten Betonelementen. Als Untergrund dienten Sand oder Kies, um die schlimmsten Stürze aufzufangen. Neben Klettergerüsten, Sandkästen und Schaukeln warteten Karussells auf uns, auf denen wir uns selbst an einem Rad in der Mitte Anschwung geben konnten.

An Turnstangen übten wir Schweinebaumeln, bei dem wir uns mit Händen und Füßen an der Stange festklammerten und wetteiferten, wer am längsten so hängen konnte. Mutigere trainierten den Überschlag oder andere Turnfiguren. Nicht fehlen durfte die Wippe, natürlich auch aus Metall, deren Fall von einem alten Autoreifen gestoppt wurde, der im Sand vergraben war. Oft standen da diese geschwungenen Klettergerüste, an denen Ringe befestigt waren, um sich daran entlangzuhangeln, so weit man kam. Häufig zu finden waren auch Betonröhren, die lang und dunkel waren und an denen die Hosenknie ihre Fasern ließen. Auf diesen Spielplätzen trafen wir unsere Freunde und verbrachten glückliche Nachmittage.

Die Spielplätze in den Städten waren manchmal etwas eintönig.

1980-1983

Die Schule, das Leben und der ganze Rest

Ein letztes Foto im Kindergarten – die Zahnlücken verrieten, dass man schulreif war.

Die Schule

Wir waren die Großen im Kindergarten und dachten, wir hätten die Welt jetzt so weit verstanden, aber da winkte am Horizont schon die Grundschule. Wir waren neugierig und machten aus Spaß „Hausaufgaben", hatten wir doch von den älteren Kindern gehört, was es mit dem Unterricht auf sich hat: Wer zur Schule geht, der zählt zu den ganz Großen!

Bevor aber der erste Schultag kam, stand die entscheidende Frage im Raum: Welche Schultasche soll es sein? Auf der einen Seite gab es die klassischen Lederranzen in Orange oder Braun, die oft von größeren Geschwistern geerbt wurden. Auf der anderen die neuen, ganz modernen aus Kunststoff, die wir natürlich lieber haben wollten. Aus heutiger Sicht mögen die Favoriten Scout mit dem Delfin im Logo und McNeil mit dem Yorkshire Terrier

Chronik

30. Januar 1980
Die rechtsextreme „Wehrsportgruppe Hoffmann" wird verboten.

6. April 1980
Die Mitteleuropäische Sommerzeit gilt das erste Mal in der Bundesrepublik.

26. September 1980
Durch einen rechtsextremen Anschlag auf das Oktoberfest in München sterben 13 Menschen, über 200 werden verletzt. Der Attentäter ist der bekannte Rechtsextremist Gundolf Köhler, der bei dem Anschlag ebenfalls stirbt.

28. Februar 1981
Etwa 100 000 Demonstranten protestieren gegen den Bau des Kernkraftwerks Brokdorf.

28. Juni 1981
In der ARD läuft der erste „Tatort" mit Horst Schimanski, gespielt von Götz George.

16. April 1982
In Erlangen kommt das erste deutsche Retortenbaby zur Welt.

24. April 1982
Die Sängerin Nicole gewinnt mit ihrem Lied „Ein bisschen Frieden" den Grand Prix Eurovision de la Chanson.

1. Oktober 1982
Helmut Kohl wird durch ein konstruktives Misstrauensvotum von CDU/CSU und FDP zum 6. Bundeskanzler gewählt.

20. November 1982
Die innerdeutsche Transitautobahn von Berlin nach Hamburg wird durch Bundesverkehrsminister Dieter Haack eröffnet.

10. Dezember 1982
Der Film „E.T. – der Außerirdische" kommt in die deutschen Kinos und wird hier, wie schon in den USA, zum Kassenschlager.

28. April 1983
Das Magazin Stern veröffentlicht die „Hitler-Tagebücher", die sich bald als komplette Fälschung herausstellen.

29. Juni 1983
Die Bundesregierung bürgt für einen Bankenkredit über eine Milliarde DM für die DDR.

18. Oktober 1983
Die Bundesregierung stellt fest, dass ein Drittel des deutschen Waldes krank ist.

Die Schultüte versüßte uns den Start in den „Ernst des Lebens".

im Logo zum Verwechseln ähnlich aussehen, damals war es eine Grundsatzentscheidung. Beide waren aus Nylon, hatten gepolsterte Tragegurte, waren mit reflektierenden Katzenaugen in den Schlössern versehen. Und neu war, dass die Bücher hochkant hineinpassten. Erhältlich waren diese Schultaschen in den Trendfarben der 80er: Blau, Rot und Grün und alle hatten eine abgesetzte Tasche für das Schulbrot. Stolz trugen wir den Schulranzen schon vor der Einschulung, war er doch das Symbol des Aufstiegs in die nächste Liga. Dazu gehörte die Schultüte, in der Bonbons von Storck oder Hitschler waren, Lollis mit diesen hübschen Kirsch-, Melonen- oder Zitronen-Motiven im Innern, bei denen wir uns immer gefragt haben, wie die dort hineingekommen sind. Beliebt waren Weingummi von Haribo, Bazooka-Joe-Kaugummi, Hubba Bubba und Brausepulver von Ahoi, Lippenstift aus Traubenzucker und die Leckmuschel, bei der man eine Art Bonbon aus einer Muschelschale aus Plastik herauslutschen musste.

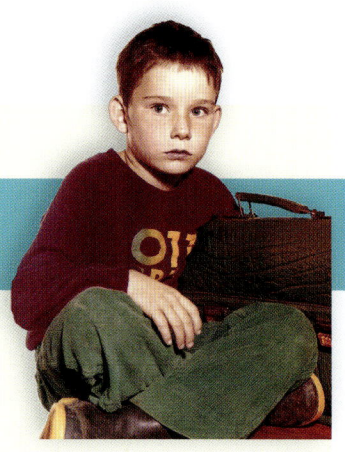

Ehrfürchtiger Blick auf dem Einschulungsfoto.

Ob wohl auch ein paar Schlümpfe in der Schultüte sind?

Neben dem ganzen Süßzeug fanden sich in den Schultüten natürlich auch ein paar Stifte, mal ein Buch oder ein kleines Geschenk, z. B. einen Schlumpf.

Dann kam unser erster Schultag! Mit Mama und Papa und den kleinen Geschwistern ging es in unsere Grundschule. Und – zugegeben – wenn man direkt davor stand, wirkte sie schon etwas größer als aus der sicheren Entfernung. Aber wir waren ja nicht allein, ein paar Freunde aus dem Kindergarten oder aus der Nachbarschaft kamen in dieselbe Klasse wie wir, sodass wir gemeinsam in das neue Abenteuer starten konnten. Erst gab es eine große Ansprache vom Direktor, dann wurden wir auf die Klassen verteilt, lernten die Lehrerin oder den Lehrer kennen. Im Klassenraum wurden wir einem Sitzplan nach auf die Plätze verteilt und erhielten unseren Stundenplan.

Von nun an war unser Leben durchgetaktet, freies Spielen wie im Kindergarten gab es nur noch am Nachmittag. Dafür lernten wir lesen, schreiben und rechnen. In Mathe durften wir mit den bunten Dreiecken, Kreisen und Quadraten aus einer Plastikbox Mengenlehre üben. Sie erschloss sich uns zwar nicht immer, aber das Üben mit diesen farbigen Plättchen machte Spaß. Noch mehr Begeisterung brachten die Pausen, in denen wir mit unseren Freunden toben konnten. Voller Energie flitzten wir über den Pausenhof, spielten Fangen oder

Wir bekamen unseren Stundenplan.

Versrecken. Die Jungs übten sich im Fußball, die Mädchen im Hüpfekästchen. Hoch im Kurs stand auch Gummitwist, bei dem sich zwei Kinder gegen-überstanden und zwischen ihren Beinen das Gummiband, oft ein Hosengummi, spannten, über das ein drittes Kind springen musste – je nach Schwierigkeitsgrad mit zwei Beinen, mit einem Bein, mit Drehung oder über Kreuz. Wenn der Springer in der Mitte einen Fehler machte, wurde getauscht. Selbst wenn die Pausen nur 15 Minuten dauerten, kamen sie uns ewig lang und doch immer zu kurz vor, denn neben dem Spielen mussten wir ja beim Hausmeister die damals intensiv beworbene Schulmilch kaufen.

Am Ende des ersten Schuljahres bekamen wir dann unser erstes Zeugnis, noch ohne Noten. Es war ein Textzeugnis, das in knappen Worten umriss, was wir gelernt hatten oder wo wir im nächsten Jahr doch etwas besser aufpassen sollten. Das Beste an den Zeugnissen im Sommer aber war, dass es danach sechs Wochen lange herrliche Ferien gab!

Draußen konnten wir klettern, Ball spielen, Rad fahren …

„Kommst du raus zum Spielen?"

Nicht immer so herrlich fanden wir die Haus-aufgaben, hielten sie uns doch vom Spielen am Nachmittag mit unseren Freunden ab. Zum Glück aber erlebten wir in den 80ern eine Zeit der freieren Pädagogik und so hieß die Schulaufgabe schon mal „15 Minuten weiter im Mathebuch". Super, der Lehrer wusste ja gar nicht, wie weit wir waren und so waren 15 Minuten oft erstaunlich schnell vorbei.

Dann trafen wir uns mit Freunden, denn ab mittags waren die meisten Kinder zuhause, so etwas wie Nachmittagsunterricht gab es nicht, stattdessen mussten wir jeden zweiten Sams-tag in die Schule. Mit unseren Spielkameraden

waren wir viel draußen, das Fernsehen hatte mit seinen drei Programmen in der Woche nachmittags nicht so viel zu bieten. Wir mussten uns selbst etwas einfallen lassen. Wenn das Wetter schön war, fuhren wir Fahrrad oder spielten mit den Kindern aus der Nachbarschaft auf dem Spielplatz oder im Wald. Verabreden war nicht nötig, es genügte, bei den Freunden zu klingen und zu fragen: „Kommst du raus zum Spielen?", und schon ging es los.

Unser Kinderzimmer

Nur wenn es mal regnete, blieben wir drinnen, aber auch hier gab es ja immer was zu tun. Wir hatten Puzzles oder Brettspiele und spielten mit unseren Freunden gern mit Lego, Playmobil oder Bauklötzen, die wir zu hohen Türmen aufbauten, bis sie zusammenfielen.

Im Hintergrund lief meist eine Hörspielkassette: Beliebt waren bei uns damals „TKKG", die Krimihörspiele um Tarzan (später Tim), Karl, Klößchen und Gaby, deren Vater der Kommissar Glockner ist. Die Serie startete 1981, wir waren von Anfang an mit dabei. Ebenfalls hoch im

Wir spielten stundenlang mit Holzklötzen im Kinderzimmer.

Kurs standen die „Funkfüchse", die ähnlich wie TKKG kleine Fälle lösten und sich über ihre Funkgeräte verständigen konnten, was ihnen in den Zeiten ohne Handys immer wieder den entscheidenden Informationsvorsprung verschaffte. Diese Serie wurde 1984 leider eingestellt. Die etwas Mutigeren unter uns

hörten die „Drei Fragezeichen", mit Justus, Peter und Bob vom Schrottplatz in Rocky Beach, von wo aus sie ihre Detektivfälle lösten. Diese Hörspielserie begann 1979, auch hier waren wir also von Anfang an mit dabei und freuen uns heute, wenn unsere Kinder dieselben Geschichten hören. Ebenfalls beliebt war damals Bibi Blocksberg, die kleine Hexe, die wie

Die Waschmittetonnen waren die klassische Aufbewahrung für unser Spielzeug.

viele andere Helden unserer Kindheit bis heute aktuell geblieben ist. Wir haben alles gern gehört, am liebsten so laut, dass die Eltern ins Zimmer kommen mussten, um den Kassettenrekorder leiser zu stellen.

Playmobil, Lego, Fischertechnik

Eine eher grundlegende Frage war für uns damals, womit wir spielten: Fischertechnik, Lego oder Playmobil. Für die zukünftigen Ingenieure unter uns war Fischertechnik die erste Wahl. Es wurde von dem deutschen Ingenieur Artur Fischer als Spielzeug entwickelt, das technisches Verständnis und gleichzeitig Kreativität fördern sollte. Eigentlich stellt Fischer Dübel her und war 1958 durch seinen patentierten Spreizdübel bekannt und erfolgreich geworden. Für uns Kinder aber gab es diese herrlichen Konstruktionsbaukästen, in deren Mittelpunkt der 3 Zentimeter lange Grundbaustein steht, an den an allen sechs Seiten etwas angebaut werden kann. Vervollständigt wird das System durch Platten, Achsen, Zahnräder, Stangen und Verbindungsstreben. Dazu gibt es Motoren, elektrische Bausteine, pneumatische Pumpen und statische Verbindungen, sodass wir uns zuhause kleine Maschinen bauen konnten. Einige von uns hat Fischertechnik sogar über die Schule hinaus ins Studium begleitet, wo es heute noch verwendet wird. Der absolute Hit war damals der große gelbe Truck mit der blauen Plane von Fischertechnik, den wir aus mehr als 350 Teilen in stundenlanger Arbeit – manchmal mit Hilfe der Eltern – zusammenbauten.

Ähnlich angesagt war das Piratenschiff von Playmobil, das uns mit seinen zwei Masten, dem Verlies unter Deck, den Kanonen und der Truhe mit Goldmünzen auf so manche Abenteuerreise mitnahm. Playmobil mit seinen unverwechselbaren Figuren wurde in unserem Geburtsjahr von der Firma Geobra Brandstätter eingeführt. Zuerst gab es Indianer, Cowboys, Ritter und Bauernhöfe als Spielsets, nach und nach wurde es immer mehr. Uns hat es begeistert, dass alles zusammenpasste, es also auch mal Weltraumfahrer mit Cowboyhut gab. Toll war, dass Playmobil nicht so leicht kaputtging, weshalb es heute noch auf vielen Dachböden steht oder von der nächsten Generation bespielt wird. Der Detailreichtum war bei Playmobil schon immer groß, größer war noch die Auswahl an Sets, die sich auf den Wunschlisten zu Weihnachten und Geburtstagen fanden. Unsere Eltern trieben die vielen Teile mitunter zur Verzweiflung. Wir haben so viel Zeit in den Aufbau der Welten verwendet, dass wir es verständlicherweise danach nicht wegräumen konnten. Es blieb stehen, bis die Eltern ein Machtwort sprachen.

Ähnlich war es bei Lego, dem Stecksteine-System, aus dem Häuser, Flugzeuge, Schiffe, Autos, Raketen oder Maschinen gebaut werden können. Stundenlang saßen wir über den bunten Bauanleitungen und tüftelten gemeinsam, bis wir Erfolg hatten. Noch schöner aber waren bei Lego immer die Fantasiegebäude, die wir uns ausdachten, die einfach aus dem gebaut wurden, was da war. Es entstanden kreative Konstrukte, die fliegen und schwimmen konnten und deren Sinn manchmal nur wir verstanden. Ausgangspunkt unserer Eigenkreationen waren oft die 25 mal 25 Zentimeter großen Grundplatten mit ihren 1024 Noppen, die es als grüne Rasenplatte, graue Platte mit Straße und ebenfalls graue Weltraumplatte mit Kratern, kleinen Hügeln und Landebahnen für Raumschiffe gab. Auch hier war die Auswahl nahezu unbegrenzt und zu Geburtstagen, Ostern, Nikolaus oder Weihnachten gab es neue Sets, die dann bald – gänzlich unsortiert große Wannen oder (Waschmittel-)Tonnen füllten.

Saft ohne Saft

Das viele Spielen machte uns durstig, die Frage war dann: Quench oder Cefrisch? Beides waren Getränkepulver, mit denen man schnell frischen „Saft" bekam. Zumindest dachten wir das, auch wenn das Getränk mit Saft recht wenig zu tun hatte. Praktisch war es aber allemal, etwas Wasser, Pulver einrühren und fertig. Bei Cefrisch diente der Deckel gleichzeitig als Maßeinheit, wie viel Pulver auf einen Liter kam. Quench hatte einen Dosierlöffel, sodass man immer die Sicherheit hatte, stets die beste Mischung herzustellen. Quench gab es zum Beispiel als Orange, Himbeere oder Kirsche. Bei Cefrisch waren es die Sorten Himbeere, Zitrone und Waldmeister. Diese Pulver enthielten natürlich keinen echten Saft, sie bestanden vielmehr aus Zucker, Farbstoff und Aromastoffen. Bei Cefrisch stand deshalb: „Instantpulver ohne Fruchtsaft" auf der Packung. Uns aber störte das nicht. Wir naschten das Getränkepulver gern pur: Wenn Mama nicht guckte, Finger anlecken, rein in die Dose und dann ablutschen. Auch unter Eltern erfreuten sich diese Pulver großer Beliebtheit: unsere Mütter tauschten Rezepte zu Quench-Torten oder Cefrisch-Quark-speise.

Ein bisschen echter Saft, wenn auch nicht viel, war in Sunkist und Capri-Sonne enthalten. Sunkist war dieses Fruchtsaftgetränk, das in den pyramiden-förmigen Verpackungen verkauft wurde und das wir zu Ausflügen mitbekamen. Das Tolle an ihm war nicht nur der Geschmack, sondern der laute Knall, mit dem die Packung zerplatzte, wenn man nach dem Trinken drauftrat. Auch Capri-Sonne im Trinkbeutel ließ sich gut überall mit hinnehmen.

Die Neue Deutsche Welle

In den frühen 80er-Jahren entwickelte sich die „Neue Deutsche Welle" als Reaktion auf die Pop-Musik aus England und Nordamerika, welche bisher die Charts dominierte. Die Musiker experimentierten mit neuen Klängen und mischten dazu Musikstile wie Punk, Rock, New Wave und Elektropop. Die explizit deutschen Texte machten es den Fans leicht, die Songs zu verstehen. Am bekanntesten sind sicher Nena mit ihren Liedern „Nur geträumt" und „99 Luftballons", die Band Trio mit ihrem minimalistischen Hit „Da Da Da", die Band Ideal mit „Eiszeit" und „Blaue Augen", Markus mit „Ich will Spaß", Hubert Kah mit „Sternenhimmel", Falco mit „Rock Me Amadeus" und die Band Geier Sturzflug mit „Bruttosozialprodukt".

Aufregung zu Weihnachten und Silvester

Die Weihnachtszeit begann für uns mit dem Adventskalender. Hier gab es zwei Varianten: Der eine war von den Eltern selbst hergestellt und bestand aus einer langen Schnur, an der Säckchen mit kleinen Geschenken darin baumelten. Der andere war der Gekaufte mit bunten Weihnachtsmotiven. Er versteckte hinter jedem Türchen eine süße Schokoladenfigur, die uns half, die Zeit bis zur Bescherung zu überbrücken. Ein Meilenstein war der Nikolaustag, zu dem wir am Vorabend unsere geputzten Stiefel vor die Tür stellten. Wichtigstes Gesprächsthema war in der Vorweihnachtszeit die Wunschliste: Was würden der Nikolaus und der Weihnachtsmann davon bringen?

Wo habe ich nur die Geschenke versteckt?

Draußen wurde es früh dunkel und wir backten mit den Eltern Weihnachtskekse, bauten Lebkuchenhäuser, zündeten Kerzen am Adventskranz an und spickten Orangen mit Nelken, sodass alles weihnachtlich festlich roch. In der Schule bastelten wir Weihnachtsengel und andere Fensterdekoration.

Der Weihnachtsbaum wurde am Weihnachtsmorgen hereingeholt und mit reichlich Lametta, Christbaumkugeln, Lichterketten und der schimmernden Christbaumspitze geschmückt. Er konnte kaum voll genug behängt sein. Dann ging es zur Kirche, während der Weihnachtsmann unser Haus besuchte, denn wenn wir wiederkamen, war der Gabentisch gedeckt und

Zu Silvester tanzten wir mit den Luftschlangen.

wir durften nicht ins Wohnzimmer. Am Weihnachtstag selbst gab es oft nur Würstchen mit Kartoffelsalat, damit Mutti nicht so viel Arbeit hatte. Die Idee, dass Väter und Kinder bei den Essensvorbereitungen helfen, hatte sich noch nicht durchgesetzt. Nach dem Essen wurden ein paar Weihnachtslieder gesungen, wir spielten etwas auf der Blockflöte vor oder sagten ein Gedicht auf. Dann war endlich Bescherung, wir stürzten uns auf die Geschenke und spielten bis spät in die Nacht mit den neuen Spielsachen: Lego, Playmobil, Carrera-Bahn, Barbie-Puppen, Bücher oder erste Computer- und Videospiele.

Eine besondere Feier war für uns Silvester. Es waren nicht nur die Knaller und Raketen, die in immens großer Zahl verschossen wurden und bei denen wir aus Sicherheitsgründen nur zusehen durften. Für uns gab es gleißend hell sprühende Wunderkerzen, mit denen man die Jahreszahl in die Luft malen konnte. Wir bekamen Luftschlangen, Knallerbsen und kindgerechtes Minifeuerwerk, das wir selbst anzünden durften.

Dazu kam das Bleigießen, bei dem wir echte Bleifiguren in einem Löffel zerschmolzen und dann das flüssige Blei in ein Wasserglas warfen. Danach fischten wir die Ergebnisse aus dem Wasser und versuchten anhand ihres Aussehens oder des Kerzenschattens die Zukunft für das nächste Jahr herauszulesen. Besonders liebten wir das Fondue zu Silvester, bei dem wir kleine Fleischstücke in heißem Öl brieten und oft darin verloren. Alternativ gab es Raclette, wo jeder im eigenen Pfännchen sein Essen komponierte. Wenn wir so sattgegessen waren, konnte es schon passieren, dass wir vor Mitternacht einschliefen und verpassten, wie die Erwachsenen mit Sekt oder Champagner auf das neue Jahr anstießen.

Damals genauso beliebt wie heute war die Sendung „Dinner for One", bei der Miss Sophie ihren Geburtstag feiert. Leider sind ihre Freunde schon verstorben, sodass der Butler James alle Rollen am Tisch übernehmen muss, einschließlich des Anstoßens, und so 18-mal auf Miss Sophie anstößt (den Schluck aus der Blumenvase nicht mitgerechnet). Als Kinder haben wir nicht alle Details verstanden, aber allein das Stolpern des Butlers über den Kopf des Tigerfells trieb uns Lachtränen in die Augen.

Raketen in Deutschland

Der NATO-Doppelbeschluss von 1979 brachte den Kalten Krieg auf einen neuen Höhepunkt. Er sah die Stationierung atomarer Mittelstreckenraketen vom Typ Pershing-II, die durch Abschreckung zum Frieden beitragen sollten, in der Bundesrepublik vor. Diese Stationierung war aber in der Bevölkerung hoch umstritten, was zu einem Erstarken der Friedensbewegung in der BRD führte. Am 10. Oktober 1981 fand mit 300 000 Menschen in Bonn die bis dato größte Friedensdemonstration statt. Am 22. Oktober 1983 demonstrierten sogar insgesamt 1,3 Mio. Deutsche auf Großkundgebungen gegen die Stationierung der Raketen, welche nur einen Monat später vom Bundestag mehrheitlich gebilligt wurde. Die gesamte gesellschaftliche Debatte wurde durch die Friedensbewegung sensibilisiert und geprägt, auf diese Weise haben die Raketen gewissermaßen zu mehr Frieden beigetragen – wenn auch gänzlich anders als gedacht.

Sammeln, sammeln, sammeln

Hätten wir damals gewusst, was Sammler heute für Sticker aus unserer Kindheit zahlen, es hätte unser Leben verändert. Zum Glück wussten wir es nicht, denn sonst hätten wir nicht so fröhlich getauscht, verschenkt und geklebt. Die beliebten Panini-Sticker gab es in kleinen Tütchen mit meist fünf Stück. Man wusste nie, welche Sticker in der Tüte waren, sodass man schnell viele Sticker doppelt und andere gar nicht hatte. Das führte dazu, dass wir auf den Schulhöfen oder am Nachmittag mit unseren Freunden zu Profi-Tauschern wurden: „Ich gebe dir drei Sticker hiervon für zwei davon." Zu den Stickern, die pro Packung eine Mark kosteten, gehörte ein Sammelalbum, in das die Bilder eingeklebt wurden. „Aufreißen, abziehen, einkleben" war das Motto. Besonders beliebt waren die Fußballbilder, auf diese Weise konnte man sich seinen Stars nah fühlen. Zu jeder Saison kam ein neues Stickeralbum heraus, ebenso zu Europa- oder Weltmeisterschaften. So auch eins zur Fußballweltmeisterschaft in Spanien 1982. Wenn man heute solch ein Heft durchschaut, staunt man schon sehr über die Frisuren und Bärte dieser Zeit.

Natürlich gab es nicht nur Fußballbilder, auch Sammelbilder zu damals beliebten Cartoons wie Heidi, die Schlümpfe,

Die begehrten Flaschen mit den Sammelbildern.

Biene Maja oder Tom und Jerry waren begehrt. Ebenfalls gab es Aufkleber zu unseren Popstars oder Tieren. Auch wenn wir die Alben nie voll bekommen haben, war es eine tolle Sache – außer für unsere Eltern, die wir bei jedem Einkauf bedrängten: „Bitte nur eine Tüte, dann räume ich auch mein Zimmer auf!" Das Stickeralbum der Weltmeisterschaft 1982 hatte Platz für 400 Sticker plus 27 Glitzersticker, sodass es – wenn man jeden Sticker nur einmal hätte kaufen müssen – schon bei 85 Mark lag. Wie hoch die tatsächlichen Kosten waren, wurde in späteren Jahren eine beliebte Aufgabe im Mathematikunterricht, wenn Wahrscheinlichkeitsrechnung auf dem Plan stand.

Im Wald sammelten wir Pilze.

Neben den Stickeralben sammelten wir auch diese Knibbelbilder in den Dichtungsgummis der Deckel von Cola-Flaschen, die uns beim Rausfummeln mehr als nur einen Fingernagel kosteten. 1982 startete Coca Cola mit 48 Motiven zum Thema „Meilensteine der Verkehrsgeschichte", auf denen Autos, Schiffe, Eisenbahnen und Flugzeuge zu sehen waren. Die Serie „Pop Star Gallery" mit 40 internationalen Stars hat uns sicher mehr als eine oder zwei Faschen Cola zu viel trinken lassen. Auch hier wurde fleißig getauscht und je heiler wir diese Dichtungsgummis herausgeknibbelt bekamen, umso höher war der Tausch-wert. Zu den Knibbelbildern gab es Poster, auf die wir sie kleben konnten, und auch wenn die Farbe darauf mit der Zeit nachließ, in unserer Erinnerung sind es immer noch die Bilder von damals mit ihrem leichten Coca-Cola-Geruch.

„Ein bisschen Frieden"

1982 gewann die damals erst 17 Jahre alte Nicole Hohloch mit dem Song „Ein bisschen Frieden" erstmals für Deutschland den Eurovision Songcontest. Das Musikstück wurde von Ralph Siegel komponiert und von Bernd Meinungen getextet. Nicoles Stimme und der Text des Lieds, das für Frieden und eine bessere Welt stand, wurde daraufhin in vielen Ländern ein Hit und verhalf Nicole zum Durchbruch. Auch wenn Nicole danach noch weitere Lieder veröffentlichte, bleibt „Ein bisschen Frieden" bis heute untrennbar mit ihrem Namen und dem Jahr 1982 verbunden.

1984–1987

Raus aus dem Kinderzimmer, rein in die Welt

Reif für die neue Schule.

Neue Schule, neue Fächer

Waren wir vor den Sommerferien die Größten auf dem Schulhof, waren wir jetzt nach Ende der Grundschulzeit plötzlich wieder die Kleinsten. Egal, ob wir je nach Bundesland auf eine Orientierungsstufe oder direkt auf eine weiterführende Schule gingen – hatten wir eben noch gedacht, wir wüssten über das Wesentliche Bescheid, erging es uns nun ähnlich wie einst Sokrates, der sagte: „Ich weiß, dass ich nichts weiß." Es gab viele neue Fächer, die wir vorher nicht kannten. Englisch zum Beispiel, hier hieß es ran ans Vokabellernen, das

Chronik

23. Mai 1984
Richard von Weizsäcker wird mit großer Mehrheit zum sechsten Bundespräsidenten gewählt.

1. August 1984
In Autos gilt auf den Rücksitzen eine Anschnallpflicht. Auf den Vordersitzen wird Nichtanschnallen mit einem Bußgeld belegt.

30. November 1984
An der innerdeutschen Grenze werden die letzten Selbstschussanlagen der DDR abgebaut.

11. März 1985
Durch die Wahl vom Zentralkomitee der KPdSU wird Michail Gorbatschow zum neuen Generalsekretär der Partei bestimmt.

1. September 1985
Das Wrack der Titanic wird in fast 4000 Metern Tiefe von Forschern aus Frankreich und den USA entdeckt.

8. Dezember 1985
Die erste Folge der „Lindenstraße" wird ausgestrahlt.

28. Januar 1986
Die amerikanische Raumfähre Challenger explodiert kurz nach dem Start. Alle sieben Astronauten sterben.

26. April 1986
Es kommt zum Super-GAU im Kernkraftwerk in Tschernobyl in der Ukraine (damals UdSSR).

31. Dezember 1986
Aufgrund einer Panne wird die Neujahrsansprache von Bundeskanzler Helmut Kohl aus dem Vorjahr gesendet. Die richtige Ansprache wird am Folgetag ausgestrahlt.

1. Februar 1987
Wegen eines dreitägigen Smogalarms in Berlin gilt ein Fahrverbot für Autos, die nicht mit Katalysator ausgestattet sind.

28. Mai 1987
Mathias Rust aus Hamburg landet mit seiner Cessna 172 auf dem Roten Platz in Moskau.

11. Oktober 1987
Der zurückgetretene Ministerpräsident von Schleswig-Holstein, Uwe Barschel, wird im Genfer Hotel „Beau Rivage" tot in der Badewanne gefunden.

damals den Kern des Zweitspracherwerbs darstellte. Wenn wir ein Wort nicht wussten, mussten wir lernen, es in Wörterbüchern nachzuschlagen. Manchmal waren wir in einem Sprachlabor, der Lehrer saß vorne und konnte steuern, welcher Schüler was über Kopfhörer hörte. Von den Tonbändern sollten wir abhören, wie wir die Wörter der neuen Sprache artikulierten. Wir liebten das Sprachlabor. Es bedeutete oft Bandsalat und mit der Technik überforderte Lehrer oder es bot einfach die Gelegenheit, unter dem Kopfhörer mal für eine Weile abzuschalten und nur so zu tun, als ob man zuhörte. Die Lehrer waren meist so mit der Technik beschäftigt, dass wir uns ihrer Beobachtung entziehen konnten. Des Weiteren kamen Fächer wie Physik, Erdkunde oder Biologie hinzu.

Nicht immer deckte sich das Ziel der Lehrer mit unseren Interessen im Unterricht. War es ihnen wichtig, ihren Stoff durchzukriegen und rechtzeitig die Arbeiten zu schreiben, schrieben wir lieber Zettelchen an Klassenkameraden oder Briefchen an den neusten Schwarm mit der Frage: „Willst du mit mir gehen?" Inklusive der drei Antwortmöglichkeiten: „Ja, Nein, Vielleicht". Die Wahrscheinlichkeit, dass die halbe Klasse diese ersten heimlichen Botschaften unterwegs mitlas, war groß. Deshalb erschien es uns sicherer, sie in der Pause unauffällig in das Federetui des Adressaten zu schmuggeln. Noch beliebter aber als Zettelschreiben

11. bis 14. Lebensjahr

Zeit	Montag	Dienstag	Mittwoch	Donnerstag	Freitag	Sonnabend
7⁴⁵–8³⁰	Englisch	D.T.H.	GL		Englisch	
8³⁵–9²⁰	Mathe	Englisch	Deutsch	Musik	Englisch	
9³⁵–10²⁰	GL	Poly	Mathe	Deutsch	Deutsch	
10²⁵–11¹⁰	Deutsch	Poly	Englisch	GL	Physik	
11¹⁵–12⁰⁰	Kunst	Bio	Deutsch	Mathe	Sport	
12¹⁵–1⁰⁰	Kunst	Bio		Reli	Sport	

Unser Stundeplan wird immer voller.

waren die kleinen Pusterohre, die sich aus einem Tintenkiller basteln ließen. Die beiden Stiftenden – Löschen und Überschreiben – wurden entfernt und schon hatte man ein super Blasrohr für den Unterricht, das sogar in die Federtasche passte. Die Lehrer müssen damals einiges mitgemacht haben mit uns, es gab wahre Blasrohr-Schlachten hinter ihrem Rücken. Wer erwischt wurde, musste in der Pause die Klasse fegen, und das lohnte sich, denn es kamen ganz schön viele Papierkügelchen zusammen.

Unsere Pauker

In der Mitte der 80er-Jahre hatten es Lehrer schwer – nicht nur mit uns, es wurden kaum junge Lehrkräfte eingestellt, es gab keinen Bedarf in den Schulen. Die Schülerzahlen sanken und die Kollegien waren seit den Babyboomer-Jahren vollständig besetzt. Für uns bedeutete das, dass wir hauptsächlich von älteren Paukern unterrichtet wurden. Zwar waren sie erfahren, aber oft konservativ und nicht mehr voller Energie und Motivation. Manche waren mit unserer jugendlichen Power regelrecht überfordert. So waren die wenigen jungen Lehrkräfte für uns ein Glücksgriff, wir fühlten uns verstanden. Aber es gab auch unter den älteren Kollegen viele tolle Pädagogen, die uns bis heute in Erinnerung geblieben sind und uns – ob wir es zugeben wollen oder nicht – nachhaltig geprägt haben. Nicht wenige von uns haben über ihren Lieblingslehrer ihr Lieblingsfach entdeckt, das später zur Berufswahl führte. Doch meist hielten wir es mit dem Schlager von Roy Black und Anita Hegerland: „Das Schönste im ganzen Jahr, das sind die Ferien".

Michael Ende

Die Bücher von Michael Ende haben uns in der Kindheit und Jugend begleitet und geprägt: Zuerst lasen wir die Geschichten um „Jim Knopf und Lukas der Lokomotivführer", die uns in den Kinderbüchern auf Reisen um die Welt mitnahmen. Als wir etwas älter wurden, fieberten wir mit „Momo" im Kampf gegen die Grauen Herren mit, die den Menschen die Zeit stahlen. „Die unendliche Geschichte" um Bastian Balthasar Bux, die in der vom „Nichts" bedrohten Parallelwelt Phantasien spielte, fesselte uns für viele Tage, während sich Bastian fast in Phantasien verliert und Gefahr läuft, den Rückweg in die Wirklichkeit nicht mehr zu finden.

Der Kassettenrekorder, unverzichtbar auf unseren ersten Feten.

Im Cola-Rausch

Was uns als angehende Teenies gut gefiel, waren die Klassenpartys, die entweder im Klassenraum, bei einem Mitschüler im Partykeller oder in der Garage stattfanden. Erdnussflips waren Pflicht, Chips, Cola und Fanta sowieso. Am Anfang gab es Partyspiele wie Luftballontreten, wobei alle Tanzenden einen Luftballon an den Fuß gebunden bekamen und man versuchen musste, die Ballons der anderen zu zertreten. Wer seinen Ballon am längsten heil am Bein behielt, hatte gewonnen. Oder Luftballontanzen: Zwischen den Tanzenden wurde ein Luftballon mit dem Körper gehalten, selbstverständlich ohne Hände.

Ziel war eine langsame Annäherung ans andere Geschlecht und nicht wenige waren recht froh, dass da immer ein Luftballon für ausreichend Abstand sorgte. Natürlich wurden die Mädchen für die Jungs und die Jungs für die Mädchen langsam interessant. Im Allgemeinen überwog aber die Verwirrung, was der oder die andere jetzt wollte. Im Laufe der Jahre verschwanden die Luftballons, die Erdnussflips blieben. Uns war es egal, dass die Finger durch das Naschen der Erdnusslocken nussig rochen und fettig waren. Und manch einer von uns konnte nach der Party nicht einschlafen. Das lag aber weniger an der Wildheit unserer Feiern, es waren eher die sieben Gläser Cola.

Bei vielen Songs von damals reicht der Refrain aus, um uns in die Zeit zurückzubeamen. Selbst wenn heute niemand mehr zugeben würde, jemals zu „You're My Heart, You're My Soul" von Modern Talking getanzt zu haben, waren wir damals doch alle dabei. „Rock Me Amadeus" führte zu ersten wilden, wenn auch meist eher kantigen Tanzbewegungen und nicht jedem von uns stand die Sonnenbrille so gut wie Falco. „Live Is Life" von Opus haben wir alle lauthals mitgesungen, die Musik war eingängig und um den Refrain inhaltlich zu verstehen, reichte unser Schulenglisch bereits nach einem Jahr. Madonnas „La Isla Bonita" war ein Hit, der allseits Zustimmung erhielt, für uns tanzbar war und den man auch heute noch gut hören kann. Ebenso das Lied „Voyage, Voyage" von Desireless, das selbstverständlich im Französischunterricht behandelt wurde. „Touch Me" von Samantha Fox lief dann zu späterer Stunde auf unseren Partys, so gegen viertel vor zehn und nur die Mutigsten tanzten hier, warf der Text des Liedes doch seine Schatten in die Zukunft voraus.

Auf Klassenfahrt

Noch besser als Klassenfeten waren natürlich Klassenfahrten. Für viele von uns war es die erste längere Reise ohne Eltern, meist dauerte sie eine Woche, also fünf Tage, die wir fern von zu Hause waren. Hätten wir damals auf eine Karte geblickt, hätten wir festgestellt, dass wir meist nicht mal 20 Kilometer von unserem Elternhaus entfernt waren.

Trotzdem fühlte es sich weit weg an, Telefonate mit Mama und Papa waren nur im Notfall möglich oder heimlich aus einer Telefonzelle am Nachmittag in

Ganze Nachmittage erforschten wir die Umgebung der Landschulheime – Wandern hieß das.

der Freizeit. Aber auch nur dann, wenn wir zwei Groschen zur Hand hatten und jemand genau zu dem Zeitpunkt zu Hause war. Die Vorfreude und Spannung begann schon Wochen vor der eigentlichen Fahrt, lange, bevor unsere Eltern dem Reisebus hinterherwinkten. Im Unterricht beim Klassenlehrer wurde die Zimmerbelegung ausgeknobelt. Ziel der Klassenfahrt aus Sicht der Lehrer war es, dass wir uns besser kennenlernten und auch mit Mitschülerinnen und Mitschülern ins Gespräch kamen, mit denen wir sonst wenig oder nichts zu tun hatten. Für uns ging es im Gegensatz darum, mit unseren Freunden in einem Zimmer zu sein. Kontakt zu den Mitschülern in anderen Zimmern nahmen wir auf, indem wir Zahnpasta unter die Türklinken schmierten. Besonders viel Spaß machte es uns, wenn Jungs mit den Mädchen heimlich die Zimmer tauschten und abends bei der Bettkontrolle ganz andere Kinder in den Stockbetten lagen als dort liegen sollten.

Tagsüber standen meist Besichtigungen und Wanderungen auf der Tagesordnung – offiziell, damit wir die Gegend kennenlernten. Auf dem inoffiziellen Plan unserer Lehrer stand aber vermutlich, dass wir abends ordentlich müde waren und gut schliefen. Trotz des umfangreichen Programms, das uns auf der Klassenfahrt bilden sollte, waren doch die Nachmittage zur freien Verfügung das Beste. In Orten, in denen uns niemand kannte und die Eltern weit weg waren, nutzten wir die Gelegenheit, das Taschengeld in Süßigkeiten und Cola oder riesengroße Eisbecher zu verwandeln. Das war unsere große Freiheit und so oder so ähnlich stellten wir uns damals das Erwachsenenleben vor: die Portemonnaies voller Taschengeld, unsere Freunde an unserer Seite und den ganzen Nachmittag zur freien Verfügung!

Beliebte Eiscremes der 80er

Sommerzeit war Eiszeit und fast überall gab es Eis am Stiel zu kaufen. In Kneipen, Kiosken, Einkaufsläden, an der Pommesbude und im Freibad. Langnese und Schöller teilten sich diesen Markt und wir konnten mit unserem Taschengeld hier fündig werden, denn das Mini Milk kostete gerade mal 30 Pfennig, genau wie das Berry. Tigerschwanz markierte mit 40 Pfenning die nächste Stufe, obwohl es genauso groß war wie das Mini Milk. Aber, so dachten wir uns damals, es ist zweifarbig und damit teurer in der Herstellung. Ein Hit unserer Kindheit war Brauner Bär, ein Karamelleis mit Karamellkern und Schokoüberzug. Glücklich, wer sich ein Ed von Schleck leisten konnte, das man mit einem Stiel aus der Plastikhülle drücken musste, um die Mischung aus Vanille und Erdbeere zu genießen. Auch die Sprüche auf dem Deckel beeindruckten uns damals: „Mach' doch keinen Leckmeck, sonst schleck' ich dich vom Fleck weg." Erfrischend waren Capri, das nach Zitrone schmeckte, und das Pendant Cola Pop. Unvergessen das Nogger mit dem Werbespruch „Nogger Dir einen!", wobei uns nie klar wurde, was noggern genau sein sollte. Für Erwachsene gab es den schwarzen Plastikbecher namens Cappuccino, der für uns Kinder zu bitter war. Ebenso in Erinnerung bleiben Eiskreationen wie die Plastikorange von Schöller, die mit einer Mischung aus Vanille- und Orangen-Eis gefüllt war. Leergegessen diente die Plastikorange dann zur Aufbewahrung von Kleingeld oder Krimskrams.

Beliebt waren auch die Eis-Plastikformen von Tupperware, in die unsere Eltern Säfte, Fanta oder Cola füllten und nach kurzer Zeit hatten wir selbstgemachtes Stiel-Eis so viel wir wollten. Einziger Nachteil war, dass dieses selbst hergestellte Eis neben dem Fruchtaroma oft ein bisschen nach Plastik schmeckte.

Sportskanonen

Die Schule ging oft nur bis mittags, was bedeutete, dass wir eine Menge Freizeit für unsere Hobbys hatten. Sport stand ganz oben auf der Liste. Die meisten waren – zumindest für eine Zeit – mal in einem Sportverein. Bei den Jungs stand Fußball an erster Stelle, bei den Mädchen war es Turnen. Handball, Basketball, Schwimmen und Leichtathletik waren gleichermaßen beliebt. An den Wochenenden hatten wir oft Turniere oder Sondertrainings und für uns war es selbstverständlich, dass unsere Eltern uns dorthin fuhren. Dass diese Wettbewerbe für unsere Eltern nicht ganz so spannend waren wie für uns, haben sie gut verborgen und erst heute erkennen wir, was sie damals alles für uns möglich gemacht haben.

Neben diesen herkömmlichen Sportarten wurden in unserer Jugend erste Kampfsportarten populär. Grund hierfür war nicht zuletzt der Film „Karate Kid", der 1984 in die Kinos kam und zeigte, wie man sich als Underdog und gegen die Erwartung anderer durchsetzen kann. In diesem Zuge gewannen Judo, Karate oder Taekwondo an Beliebtheit und neben den Wettkämpfen ging es immer darum, den nächsten Gürtel zu erlangen.

Eine Sportart hat in diesen Jahren massiv an Popularität gewonnen, weil zwei deutsche Sportler fast zeitgleich an die Weltspitze marschierten. Die Rede ist von den Tennisassen Steffi Graf und Boris Becker. Auch wenn Tennis bereits vor diesen zwei Ausnahmetalenten in Deutschland eine beliebte Disziplin war, lösten Steffi und Boris eine bisher nicht bekannte Euphorie aus. Da beide nur ein paar Jahre älter waren als wir und es ein Idol für Jungen und eins für Mädchen gab, fiel es uns leicht, uns mit ihnen zu identifizieren und vor dem Fernseher bei ihren Spielen mitzufiebern. Der Durchbruch war Boris Beckers Wimbledon-Sieg am 7. Juli 1985 auf dem berühmten Center Court. Bis dahin war er ein eher unbekannter Spieler, aber als er mit seinen erst 17 Jahren den damaligen Weltranglistenersten Kevin Curren aus Südafrika besiegte, war die Sensation perfekt. Er wurde damit zudem jüngster Sieger in der Geschichte des Turniers. Kein Wunder, dass er in Deutschland zum Sportler des Jahres gekürt wurde. Längst war er unser Star, als er im folgenden Jahr gegen Ivan Lendl 1986 den Titel verteidigte und wieder das Turnier gewann. Als 1987 Steffi Graf auf Platz eins der Tennisweltrangliste aufstieg und damit Martina

Wir fuhren von Turnier zu Turnier, Wochenende für Wochenende.

44

Navrátilová, die mit kurzen Unterbrechungen seit 1978 an der Spitze stand, ablöste, war die Tennisbegeisterung unermesslich. Plötzlich wussten wir alle, wie viele Sätze ein Tennismatch hat, was ein Tiebreak ist und waren bereit, über Stunden aufmerksam einem kleinen gelben Ball zuzusehen, der von links nach rechts geschlagen wird.

Tschernobyl und die Folgen

Im Frühling 1986 freuten wir uns auf das gute Wetter und darauf, dass wir bald wieder draußen auf den Straßen und im Wald herumtoben konnten. Aber es kam anders und es veränderte unsere Kindheit: Am 26. April ereignete sich ein Super-GAU im Kernkraftwerk in Tschernobyl in der Ukraine (damals UdSSR). Ursprünglich sollte dort nur ein Sicherheitstest vorgenommen werden, der aber gründlich schiefging: Der vierte Reaktorblock explodierte, es gab eine Kernschmelze und diese setzte im Vergleich zu der Atombombe von Hiroshima ein Zigfaches der Strahlung frei. Der Wind trieb die strahlende Wolke in den nächsten Tagen bis zu uns und noch bevor es offizielle Meldungen aus der Sowjetunion gab, wurden im Westen erhöhte radioaktive Werte gemessen. Wir verstanden nicht genau, was damals passierte, für uns hieß es nur, dass wir im Haus bleiben mussten. Wir bemerkten, dass unsere Eltern Angst hatten, denn niemand wusste, welche Folgen dieser Reaktorunfall hatte, der als erster seiner Art in die höchste Kategorie der siebenstufigen Bewertungsskala für nukleare Unfälle eingestuft wurde. Wir durften keine Milch mehr trinken, denn

die Kühe nahmen über das Gras auf der Weide die Strahlung in die Milch auf. Ebenso war Blattgemüse tabu, denn hier lagerte sich das radioaktive Jod 131 ein. In manchen Regionen in Deutschland wurden deshalb Jod-Tabletten verteilt, die die Aufnahme des Jods in die Schilddrüse verhindern sollten. Was uns Angst machte war, dass diese Radioaktivität, die von den Wolken und dadurch vom Regen zu uns getragen wurde, unsichtbar war. Zum Teil wurde der Sand von Spielplätzen abgetragen und jahrelang durften Pilze und Wild aus dem Wald nicht verzehrt werden, da sich hier eine besonders hohe radioaktive Belastung ansammelte. Man konnte die Gefahr nicht sehen, nur im Fernsehen bekamen wir apokalyptische Bilder von Arbeitern in Schutzanzügen gezeigt.

Das 8-Bit-Zeitalter

In dieser Zeit, als wir Teenager wurden, hatten wir unsere erste Begegnung mit Computern, die wir hauptsächlich zum Spielen benutzten. Auch wenn die Geräte mit ihrem 8-Bit-Prozessor und ihrem 64-Kilobyte-Arbeitsspeicher nicht besonders schnell waren, war es doch damals der Beginn eines neuen Zeital-

ters. Hauptvertreter und damit in unseren Augen nicht nur Konkurrenten, sondern gar Vertreter zweier Weltanschauungen, waren der Atari 800 XL und der Commodore 64. Beide Geräte sahen aus wie extra dicke Tastaturen und als Bildschirm musste ein Fernseher angeschlossen werden, bevor es losgehen konnte. Die Computer fuhren dann hoch und zeigten das Atari- oder eben das Commodore-Logo auf dem Monitor. Spiele wurden entweder über ein Steckmodul oder eine Datasette geladen. Steckmodule konnten wir einfach in einen Eingang an unserem Computer stecken und schon lud das Programm. Datasetten waren so wie Audiokassetten, nur dass sie kürzer in der Bandlaufzeit und deutlich teurer waren, was meist dazu führte, dass wir Audiokassetten nutzten. Weiteres Zubehör waren Joysticks mit zwei Tasten und knubbeligem Kopf, mit denen wir unsere Duelle ausfochten.

Die wenigsten waren schon so gut ausgestattet.

Ein beliebtes Spiel war damals „Pac Man", bei dem wir mittels eines blinkenden Smileys alles auffressen mussten, was uns in dem Labyrinth begegnete. Bei „Donkey Kong" mussten wir Plattformen und Leitern hochklettern und dabei über rollende Hindernisse springen. Bei „E.T. Phone Home" zum gleichnamigen Film von Steven Spielberg halfen wir, dem kleinen Außerirdischen nach Hause zu telefonieren. Kein Wunder, dass wir ganze Nachmittage mit unseren Freunden vor dem Computer saßen und in dieser neuen Welt versanken.

Neben den vorgefertigten Programmen gab es die Möglichkeit, selbst Spiele in der Programmiersprache Basic aus einem Buch abzutippen. Einer von uns buchstabierte Zeile für Zeile den Code, während der andere tippte. Leider reichte schon ein kleiner Vertipper und nichts ging mehr. Wie groß aber war unser Stolz, wenn es dann doch funktionierte und wir selbst den Code fertig eingetippt hatten. Manch eine spätere Programmierer-Karriere dürfte hier ihren Anfang genommen haben.

Fernsehen

Was wir damals im Fernsehen guckten, traf nicht immer die volle Zustimmung unserer Eltern, aber wir liebten es, vor dem Flimmerkasten abzuschalten. Modern zu dieser Zeit waren Zeichentrickserien, in denen unsere Helden etwas ungelenk durchs Bild stakten, aber dafür am Ende immer siegreich aus den Kämpfen hervorgingen. In „Masters of the Universe" gab es He-Man, den Muskelmann, der den Bösewicht Skeletor bekämpfte und so die Sicherheit im Königreich Eternia garantierte. Besonders beeindruckend war dabei die Verwandlung von dem scheinbar harmlosen Prinz

ALF vom Planeten Melmac hatte Kultstatus.

Die vielen Fernsehserien hatten Suchtpotenzial.

Adam in He-Man, wenn er das Schwert von Greyskull hochhielt und dazu rief: „Bei der Macht von Greyskull".

Ähnlich waren die „Teenage Mutant Hero Turtles", die vier mutierten Schildkröten namens Leonardo, Michelangelo, Donatello und Raphael, die in der Kanalisation von New York City aufwuchsen. Dort wurden sie von ihrem Sensei, der Ratte Splinter, in der japanischen Kampfkunst Ninjitsu trainiert und besiegten so ein ums andere Mal den Bösewicht Shredder.

Neben den Zeichentrickserien stand „Ein Colt für alle Fälle" hoch im Kurs bei uns. Schauspieler Lee Majors spielte hier Colt Seavers, einen Stuntman und Kopfgeldjäger, der mit Action und Humor seine Abenteuer bestand.

Ganz anders, aber geradezu Kult war ALF (Außerirdische Lebensform), der vom Planeten Melmac kommt und bei der Familie Tanner lebt. ALF ist pelzig und am liebsten isst er, faulenzt oder sieht fern. ALF, der auf seinem Heimatplaneten Gordon Shumway heißt, muss sich immer vor den Nachbarn verstecken, da niemand von seiner Existenz erfahren darf, was zu aberwitzigen Szenen führt. „Alf! In die Küche" war der Running Gag der Sendung. Bis heute in Erinnerung ist sein Spruch: „Null Problemo!"

Wir guckten aber auch sehr gern „TKKG" mit echten Menschen, wie wir damals sagten. Die TV-Serie war nah an den Hörspielen, die wir aus der Kindheit kannten. Wir freuten uns, dass die Fälle, die uns schon lange begleiteten, jetzt auch im Fernsehen gezeigt wurden und fieberten am Bildschirm mit Tim, Karl, Klößchen und Gaby genauso mit wie bei den Geschichten von der Kassette.

1988-1992

Zwischen Tanz- schule, Feten und Führerschein

Engtanz und Disco Fox

Waren uns bisher Mädchen bzw. Jungs eher egal oder nur merkwürdig vorge-
kommen, änderte sich das nun. Die ersten Pärchen gab es zwar schon in der
sechsten Klasse, doch das war oft eine Angelegenheit von ein paar Wochen
und niemand wusste genau, was es bedeutet, „miteinander zu gehen". Jetzt

Chronik

11. Mai 1988
Die Post verliert ihr bisheriges Monopol bei der Telekommunikation.

28. August 1988
In Ramstein sterben bei einem Absturz von drei Flugzeugen einer Kunstflugstaffel 70 Menschen und über 300 werden verletzt.

9. Juli 1989
Sowohl Steffi Graf als auch Boris Becker gewinnen für Deutschland die Tennismeisterschaft in Wimbledon.

9. November 1989
Der Mauerfall läutet das Ende der DDR ein.

11. Februar 1990
Nach 27 Jahren kommt der südafrikanische Bürgerrechtler Nelson Mandela aus der Haft frei. Das Ende der Apartheid naht.

8. Juli 1990
Mit 1:0 gegen Argentinien gewinnt Deutschland die Fußballweltmeisterschaft.

3. Oktober 1990
Deutschland feiert die Wiedervereinigung.

17. Januar 1991
Der Deutsche Bundestag wählt Helmut Kohl zum ersten gesamtdeutschen Kanzler.

30. April 1991
Der letzte Trabi läuft vom Band.

25. Juni 1991
Kroatien erklärt seine Unabhängigkeit von Jugoslawien, in dessen Folge bricht der Kroatienkrieg aus, der bis 1995 andauert.

20. September 1991
Im sächsischen Hoyerswerda kommt es unter Beifall der Bevölkerung zu schweren Angriffen auf Ausländer und Asylbewerber.

26. Dezember 1991
Mit der Auflösung der Sowjetunion endet der Kalte Krieg.

6. April 1992
Bosnien und Herzegowina erklären ihre Unabhängigkeit von Jugoslawien, in der Folge bricht der Bosnienkrieg aus, der bis 1995 andauert.

24. August 1992
In Rostock-Lichtenhagen zünden rechtsextreme Jugendliche ungehindert von der Polizei einen Wohnblock an, in dem hauptsächlich Vietnamesen leben.

jedoch erlebten wir, was es heißt, Schmetterlinge im Bauch zu haben. Bei den Partys brauchten wir keine Luftballons mehr, um Abstand zu halten. Im Gegenteil, die Tanzfläche war unser Versuchsfeld, um zu erleben wie es sich anfühlt, wenn man einem fremden Körper bis auf zehn Zentimeter nah kam. Oft lief der Soundtrack von „Dirty Dancing", da gab es eine bunte Mischung aus schnellen und langsamen Stücken. Und wenn ein langsames Lied kam, war man rasch „gefangen" und konnte den Tanzpartner oder die Tanzpartnerin nicht einfach stehen lassen. Engtanz nannten wir das, beziehungsweise Blues tanzen – obwohl das mit Blues-Musik nicht im Entferntesten etwas zu tun hatte. Selbstverständlich kannten wir den Soundtrack alle auswendig und wussten genau, wann ein langsames und wann ein schnelles Lied kam, die Reihenfolge war ja auf der Kassette, Schallplatte oder der immer mehr in Mode kommenden CD festgelegt.

Eine andere Möglichkeit, sich vorsichtig näher zu kommen, war der Tanzkurs. Zwar war der in unserer Generation nicht mehr so verbindlich wie früher, aber den Grundkurs machten doch alle mit, um zumindest einige Tanzschritte zu lernen. Einmal die Woche ging es deshalb im Cha-Cha-Cha, Rumba oder Disco Fox quer durch den Tanzsaal. Auch wenn Kollisionen mit anderen Paaren zum Glück die Seltenheit waren, ein paar blaue Flecken am Schienbein

oder an den Zehen blieben nicht aus. Spannend wurde es dann nach der Tanzstunde, sobald man fragte: „Hast du vielleicht noch Lust, ein Eis zu essen?" Das war die fortgeschrittene Form von unserem früheren „Willst du mit mir gehen?" Die Mutigeren unter uns erkundigten sich direkt und gingen dann extra auffällig gemeinsam weg. Die etwas Schüchterneren fanden sich erst zwei Straßen hinter der Tanzschule wieder zusammen. Diejenigen, die in diesem Spiel kein Glück hatten, konnten immer noch an der Eisdiele vorbeiziehen und sich über die werdenden Pärchen lustig machen, auch wenn sie in Wahrheit nur ein bisschen neidisch waren.

Mit 16 begann die Zeit der Orientierung und des Ausprobierens.

Sweet 16

Die nächste Eintrittskarte ins Erwachsenenleben war der Personalausweis mit 16, ein Zeichen, dass man endlich dazugehörte, zu den Großen. Jetzt durften wir bis Mitternacht in die Disco und feststellen, dass wir wieder mal die Kleinsten waren. Wenn wir um zwölf gehen mussten, fanden wir, dass die Musik gerade jetzt erst so richtig gut wurde und die Party losging – nur leider ohne uns. Wir konnten mit 16 an der Tankstelle Bier oder Wein kaufen, wobei der Wein von der Tankstelle für 2 Mark 90 eher ein Zeichen war, dass wir doch noch nicht ganz bei den Großen angekommen waren. Auch durften wir jetzt rauchen und den Moped-Führerschein machen und gerade die Kombination Moped und Zigaretten standen für uns für Freiheit und die große, weite Welt. Spannender als die Discos waren aber oft Partys bei jemandem zuhause, bevorzugt, wenn die Eltern weg waren. Es gab Feten auf

Waldlichtungen, in Steinbrüchen oder Stadtparks. Hier trafen wir nicht nur unsere Klassenkameraden, sondern viele andere Jugendliche, die wir noch nie gesehen hatten. Das Einladungskriterium war nicht mehr, in derselben Klasse zu sein, es zählte, dieselbe Musik zu hören. Auch gab es keine Einladungs- karten zu diesen Partys. Entweder man erfuhr es über Freunde oder man hörte erst am Montag danach davon, auch wenn die Partys selten so wild waren wie die Geschichten darüber.

Haare schnitten wir uns am liebsten selbst …

Jugendkultur

Aus der BRAVO wussten wir Bescheid, was für Jugendkulturen es gab: Popper, mit ihren gegelten Haaren, den Daunen- jacken und den Vespa-Motorrollern, für die die Welt vollkommen in Ordnung war. Es gab die langhaarigen Metaller mit ihren Jeans-Kutten, die mit Bandstickern benäht waren und die Zeige- und kleinen Finger gekonnt zur berüchtigten „Pom- mesgabel" formten. Punks hatten bunt gefärbte Haare, rasierte Seitenpartien, hohe Iros und probierten überhaupt alles, was man mit den Haaren anstellen konnte. Schwarze Kleidung, zerrissene Hosen und Strumpfhosen mit Sicherheitsnadeln zusammengehalten, mit Nieten übersäte Lederjacken, auf denen hinten das Anarchiezeichen prangte, waren Erken- nungsmerkmale und demonstrierten, dass man „gegen das System" war, was so ziemlich alles außer sich selbst beinhaltete.

… oder ließen sie wachsen.

Irgendwo dazwischen war die Grunge-Kultur mit ihren Flanellhemden, den Chucks und den zerrissenen Jeans als Ausdruck des allgemeinen Nonkonformismus. Ganz anders war die Techno-Bewegung mit ihrer elektronischen Musik, den Raves und den neonfarbenen, futuristischen und experimentellen Kleidungsstücken. Skateboarder trugen Baseballkappen, weite Baggy-Hosen und Skaterschuhe und gaben sich lässig und rebellisch, während sie ihre Skateboard-Tricks übten. Daneben gab es die „Normalos", die sich nicht einer bestimmten Szene verpflichtet fühlten. Sie verbrachten ihre Zeit eher in Sportvereinen mit Fußball, Basketball, Tischtennis oder anderen Sportarten und hatten weniger Bedarf an Rebellion.

Überschneidungen der Szenen waren selten, man war ja in einer Gruppe, um sich abzugrenzen. Probleme zwischen den Szenen gab es kaum, man lebte nebeneinander her und wenn man sich in der Schule oder Ausbildung traf, ignorierte man sich freundlich. Anders waren nur die Skins und Hooligans der 90er-Jahre, die in den alternativeren Jugendkulturen gern ihre Opfer suchten. Dass sie Partys überfielen, war in dieser Zeit leider nicht selten, weshalb die 90er auch als die „Baseballschläger-Jahre" in Erinnerung sind. Immer häufiger wurden Ausländer von Nazis und rechten Hooligans angegriffen, wie 1992 in Rostock-Lichtenhagen oder Hoyerswerda, wo der rechte Mob unter Beifall der Bevölkerung Gewalttaten verübte.

Mit dem Fahrrad der Morgensonne entgegen.

Reisen ohne Eltern

Waren Reisen bisher immer eher eine Familienangelegenheit oder Fahrten mit dem Sportverein mit volljährigen Betreuern in der Nähe, unternahmen wir jetzt die ersten Fahrten ohne Erwachsene. Mit zwei, drei Freunden in den Ferien mit

Abends am Lagerfeuer lernten wir uns am besten kennen.

dem Rad losfahren, das Zelt auf dem Gepäckträger und ein paar Mark in der Tasche, das reichte uns oft schon. Unser Ziel war nicht, möglichst weit weg zu sein oder etwas Bestimmtes anzusehen, sondern im eigenen Tempo zu leben, sich treiben lassen und herauszufinden, was es alles zu entdecken gab.

Auch Reisen mit Jugendreiseveranstaltern, wo die Betreuer nicht viel älter waren als wir, standen hoch im Kurs und brachten uns ohne große eigene Organisation bis ins Ausland. Besonders beliebt waren zudem Schüleraustauschfahrten nach England oder Frankreich. Zwar wohnten wir dort in Familien und mussten uns mit dem knappen Schulenglisch oder -französisch durchschlagen, aber der Vorteil war, dass wir einen Austauschpartner hatten, der genauso viel Lust auf etwas Abenteuer hatte. Unsere Eltern waren beruhigt, es waren ja Lehrer dabei. Zum Glück übernachteten die bei den örtlichen Lehrern, sodass abends ein spannendes Verantwortungsvakuum entstand, das wir zu füllen wussten. Im Rahmen dieser Austauschfahrten gab es immer irgendwo eine Party.

Ziel war explizit das völkerübergreifende Kennenlernen, was viele Eltern etwas großzügiger werden ließ. Weiteres erklärtes Ziel dieser Fahrten war es, die kulinarischen Eigenheiten des Gastlandes zu entdecken. Dass dieses sich nicht nur auf das Essen bezog, sondern viel öfter auf das Trinken, war dabei

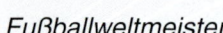
Natürlich mussten wir auf den Austauschfahrten auch wandern.

ein offenes Geheimnis. Nichts war übrigens schlimmer, als einen Austauschpartner zu bekommen, der an den ganzen Partys kein Interesse hatte und
wirklich an der Sprachkompetenz arbeiten wollte. Am besten noch am
Abendessentisch mit der ganzen Familie, während die Freunde draußen
wild feierten.

Fußballweltmeister

*1990 wurden wir zum dritten Mal Fußball-
weltmeister – und zum zweiten Mal seit
unserer Geburt! Die WM fand in Italien
statt und Deutschland besiegte am 8. Juli
in Rom die argentinische Elf mit 1:0. Es
war das erste Mal, dass ein Finale durch
einen Elfmeter entschieden wurde.
Andreas Brehme verwandelte in der
85. Minute einen Strafstoß. Ansonsten war
das Finale eher enttäuschend. Bei den*

*Argentiniern waren vier Spieler gesperrt
und Fußballgott Maradona wurde so
konsequent von Guido Buchwald
gedeckt, dass er kaum Chancen hatte,
sein Können zu zeigen. Trotzdem
schauten knapp 25 Millionen Zuschauer
an den Fernsehern zu und jubelten
nach dem Finale vor den Bildschirmen
und auf den Straßen über den Weltmeis-
tertitel.*

Die deutsche Wiedervereinigung

Die DDR war Teil unserer Welt, wir waren mit ihr und der Mauer aufgewachsen. Wer Verwandte dort hatte, schickte Pakete mit Kaffee, Süßigkeiten, Gewürzen, Kleidung oder technischen Geräten. Manchmal fuhren wir auf Familienbesuche in die DDR, die aber durch die peniblen und schroffen Grenzkontrollen der DDR-Zöllner nicht besonders lustig waren. Wir konnten damals nicht wirklich verstehen, was es heißt, seine Meinung zurückzuhalten und nicht offen äußern zu dürfen. Wir waren es ja anders gewöhnt.

Der Mauerfall kam für uns überraschend. In der DDR rumorte es seit einiger Zeit, es gab immer größere Montagsdemonstrationen unter dem Motto „Wir sind das Volk". Beim großen Paneuropäischen Picknick am 19. August 1989,

Die Mauer ist gefallen, die Grenzen zwischen Ost und West sind endlich offen – auch das Brandenburger Tor.

einer Friedenskundgebung an der ungarischen Grenze zu Österreich, nutzten mehrere Hundert DDR-Bürger die symbolische Grenzöffnung, um in den Westen zu fliehen. In der westdeutschen Botschaft in Prag sammelten sich im September 1989 über 4000 DDR-Bürger, um ihre Ausreise zu erzwingen. Nach Verhandlungen mit dem DDR-Außenministerium konnte der damalige Außenminister Genscher am 30. September den Ausreisewilligen die freudige Nachricht überbringen: „Wir sind zu Ihnen gekommen, um Ihnen mitzuteilen, dass heute Ihre Ausreise ...", der Rest ging bekanntermaßen im Jubel der Menge unter. Schon am folgenden Tag wurden die ersten Flüchtlinge in Sonderzügen in die Bundesrepublik gebracht. Das System bröckelte. Am 18. Oktober trat Erich Honecker aus vorgeblich gesundheitlichen Gründen zurück und ab dem 3. November konnten DDR-Bürger schon ohne große Hürden über die Tschechoslowakei ausreisen. Letztlich war sogar die Maueröffnung am 9. November 1989 ein Versehen, als der Sprecher des Zentralkomitees der SED, Günter Schabowski, auf einer Pressekonferenz eine neue Reiseverordnung verkündete, die für DDR-Bürger einen freien Grenzübertritt ermöglichen sollte. Als ein Journalist Schabowski fragte, ab wann die Regel in Kraft trete, antwortete dieser mit den mittlerweile historischen Worten: „Das tritt ... nach meiner Kenntnis ... ist das sofort, unverzüglich." Da diese Pressekonferenz live im DDR-Fernsehen übertragen wurde, gab es kein Halten mehr: Immer mehr Menschen strömten zu den Grenzübergängen, vor allem in Ostberlin. Kurz vor Mitternacht öffneten sich die ersten Schlagbäume. Die Mauer war offen! Massen von Menschen mit Trabis und Wartburgs fuhren in derselben Nacht nach Westberlin und wurden jubelnd begrüßt. Selbst Bundeskanzler Kohl schien überrascht von dieser Entwicklung, weilte er doch zu diesem Zeitpunkt auf einem Staatsbesuch in Warschau.

Es folgte eine chaotische Zeit, besonders in Berlin, dessen Teilung jetzt vorbei war. Für DDR-Bürger gab es bei der Einreise in die Bundesrepublik 100 DM Begrüßungsgeld, es wurden überall Südfrüchte und Bananen verkauft, die es vorher in der DDR nicht gab. In der Silvesternacht 1989/90 sang David Hasselhoff von einem Kran über den Resten der Mauer seinen Hit „Looking For Freedom", der zur Hymne für den Mauerfall wurde.

In dieser Zeit erlebten wir Weltgeschichte und hielten alles für möglich. Am 3. Oktober 1990 trat die DDR dem Geltungsbereich des Grundgesetzes bei, damit war die deutsche Wiedervereinigung amtlich. Es gab auch kritische Stimmen, die sich eine langsamere Annäherung auf Augenhöhe gewünscht hätten. Doch sie hatten in der Euphorie und dem Taumel keine Chance, gehört zu werden.

Zerfall des Ostblocks

In unserer Kindheit lebten wir in einer klar sortierten Weltordnung: Auf der einen Seite die USA, die für uns die Guten waren, auf der anderen Seite die Sowjetunion, die wir für die Bösen hielten. Es herrschte der „Kalte Krieg", beide Supermächte hatten das Potenzial, mit ihren Waffen den ganzen Planeten mehrfach zu zerstören, weshalb es keiner tat – so die damalige Logik. Mit dem Zerfall der Sowjetunion geriet dieses Weltbild ins Wanken. Alles begann in den 80er-Jahren mit der von Michail Gorbatschow ausgegebenen „Perestroika", deren Reformen die Sowjetunion modernisieren und liberalisieren sollten. Mit diesen Veränderungen ging aber ein Kontrollverlust der sowjetischen Führung über die Mitgliedsstaaten der Sowjetunion einher. Neben den wirtschaftlichen Problemen durch die Planwirtschaft, die zu steigender Unzufriedenheit führten, trug Gorbatschows „Glasnost", übersetzt mit Offenheit oder Transparenz, die zunehmend freie Meinungsäußerung erlaubte, zu einem Erstarken von Bürgerrechtsbewegungen bei. Es fanden politische Demonstrationen statt, in einigen Ländern der Sowjetunion wurden in demokratischen Wahlen die kommunistischen Regierungen abgewählt. Der Mauerfall 1989 war Teil dieses Prozesses.

Am 26. Dezember 1991 wurde die Auflösung der Sowjetunion vom Obersten Sowjet, dem höchsten Gesetzgebungsorgan, erklärt.

Viele demonstrierten gegen den Golfkrieg.

Kein Blut für Öl!

Wir lebten in den 90ern in einer turbulenten Zeit und alles schien uns immer besser und freier zu werden – bis im August 1990 der zweite Golfkrieg ausbrach. Wir waren überrascht und erschrocken, ähnlich wie 1986 bei Tschernobyl, da etwas passierte, das unseren Frieden bedrohte. Der irakische Diktator Saddam Hussein marschierte mit seinen Truppen in Kuwait ein und brachte das kleine, (öl)reiche Emirat unter seine Kontrolle. Schnell bildete sich eine Koalition aus über 30 Ländern, allen voran die USA, darunter aber auch europäische und arabische Kräfte, die Kuwait zurückerobern wollten. Die Operation „Desert Storm" begann im Januar 1991 mit einer großflächigen Bombardierung, gefolgt von einer Bodenoffensive. Natürlich gab es schon vorher eine Reihe von Konflikten auf der Welt, diesmal jedoch unterstützte Deutschland politisch und logistisch die Kampfhandlungen. Es war zudem ein Krieg in den Medien: Wie niemals zuvor kam er in farbigen Bildern direkt in unsere Wohnzimmer. Aber nicht nur wir Jugendlichen waren verunsichert, die Erwachsenen ebenfalls. So erlaubten uns die Lehrer, in der Schule zu jeder vollen Stunde das Radio einzuschalten, um gemeinsam die Nachrichten zu hören. Im Politikunterricht wurde der Golfkrieg ausführlich beleuchtet und diskutiert, denn so sehr alle für Frieden waren, war die Gesellschaft gespalten, was die Kriegsbeteiligung von Deutschland anging. So gab es viele von uns, die an den „Kein Blut für Öl"-Demos teilnahmen, denn uneigennützig war das Eingreifen der Koalition angesichts der reichen Ölquellen in Kuwait nicht. Die Schule erlaubte die Teilnahme an den Vormittagsdemos nicht, aber wir fühlten uns alt genug, um hier selbst eine Entscheidung zu treffen.

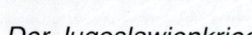

Der Jugoslawienkrieg

War uns Jugoslawien bisher nur als sonniges Urlaubsland bekannt, herrschte plötzlich mitten in Europa Krieg. Das ehemals sozialistische Jugoslawien löste sich in Folge des Zerfalls der Sowjetunion auf. Zuerst erklärte im Sommer 1991 das kleine Slowenien seine Unabhängigkeit, es kam zum ersten Krieg, der zum Glück nach zehn Tagen mit einem Waffenstillstand beendet wurde. 1992 folgte der Kroatienkrieg zwischen den kroatischen Streitkräften und einer serbischen Minderheit, der bis 1995 andauerte. 1992 begann der brutalste Krieg auf dem Gebiet des ehemaligen Vielvölkerstaates, der bewaffnete Konflikt zwischen Bosnien und Herzegowina mit ethnischen Säuberungen, Völkermord und Belagerung der Stadt Sarajevo. Dieser Krieg tobte bis 1995 und konnte erst, wie auch der Kroatienkrieg, 1995 durch das „Dayton-Abkommen", das unter der Leitung des damaligen US-Präsidenten Bill Clinton ausgehandelt wurde, beendet werden.

So oder so ähnlich: der rosa Lappen und unser erstes Auto.

Der Führerschein

Kurz bevor wir 18 wurden, begann die Fahrschule, denn zur Volljährigkeit sollte der „Lappen", der aus Papier und rosafarben war, fertig sein. Wir quälten uns gemeinsam mit Freunden durch mehr oder weniger unterhaltsame Theoriestunden, in denen Autos auf Stellwänden hin- und hergeschoben wurden, immer mit der Frage: „Wer hat jetzt Vorfahrt?" Gern ergänzt mit: „Nicht nach Ihrer hier unmaßgeblichen Meinung, sondern nach der StVO!" Gebüffelt haben wir mit diesen unförmigen Papierbögen, die sich gefühlt in alle Richtungen ausklappen ließen und uns zur Verzweiflung trieben, wenn wir Bremswege berechnen oder nie zuvor gesehene Verkehrszeichen auswendig lernen mussten. Nach bestandener Theorieprüfung kamen die Fahrstunden. Oft wurden wir direkt von der Schule mit dem Fahrschulauto abgeholt, zwei andere Fahrschüler saßen bereits auf der Rückbank. Der Fahrlehrer gab uns Kommandos wie: „An der nächsten Möglichkeit bitte nach links." Wir passten in unserer Nervosität zwischen Kuppeln, Blinken und Bremsen nicht auf, sodass süffisant nachgereicht wurde: „Dies ist eine Einbahnstraße, ich meine natürlich: die nächste von der StVO erlaubte Möglichkeit." Wenn wir das Wenden in drei Zügen, das Anfahren am Berg sowie das Rückwärtseinparken überstanden hatten, kam die Autobahnfahrt, die zur Abwechslung unserem Fahrlehrer den Angstschweiß auf die Stirn treten ließ. Aber irgendwann hatten wir die Prüfung bestanden und konnten loszufahren.

Treffpunkt der Raver und Technojünger:
die Loveparade in Berlin.

Techno und Rave

In den 90ern war Techno groß im Kommen und zu der elektronischen Musik mit harten schnellen Beats, die fast vollständig aus dem Computer kam, wurde oft nächtelang auf Raves getanzt. Am Anfang waren Techno und Raves ein Teil der Gegenkultur, die im Untergrund in alten Lagerhallen, verlassenen Fabrikgebäuden oder Open Air stattfanden und oft illegal waren – was natürlich einen Teil ihres Reizes ausmachte. Zu den Veranstaltungen gehörten aufwendige Lichtshows und Installationen, um eine psychedelische Atmosphäre zu schaffen. Aus dieser Bewegung entstand die erste Loveparade, die von Dr. Motte organisiert und als politische Demonstration unter dem Motto „Friede, Freude, Eierkuchen" angemeldet und gefeiert wurde. Bald gab es nicht nur „Techno", sondern wir hörten

Acid Techno mit seinen verzerrten und hypnotischen Klängen, Trance mit seinen eingängigen und sich wiederholenden Melodien, Jungle, der später als Drum and Bass bezeichnet wurde, mit den schnellen Rhythmen und Basslinien oder Ambient mit seinen entspannenden Klanglandschaften. Eng mit der Technoszene verknüpft waren chemische Drogen wie Ecstasy, Amphetamine oder LSD, die helfen sollten, die Musik intensiver zu erleben und das lange Tanzen durchzuhalten. Der offene Drogenkonsum in der Szene spaltete unsere Generation. Schnell wurde Techno Teil der Mainstream-Musik. In Erinnerung bleiben aus dieser Zeit Sven Väth mit dem Track „An Accident In Paradise", Marusha mit „Rave Channel" oder Westbam mit „Monkey Say Monkey Do".

Abitur und Ausbildung

In diesen Jahren hieß es sich zu entscheiden: Weiter zur Schule gehen und Abitur machen oder eine Ausbildung beginnen und Geld verdienen? Die Suche nach einem Ausbildungsplatz war nicht immer ganz einfach, zahlreiche Bewerbungen mussten geschrieben, Absagen verdaut werden. Meist fand sich aber dann doch im selben Ort eine Ausbildungsstelle. Die Abiturienten mussten sich zwar durch mindestens zwei Fremdsprachen, manchmal Latein und Griechisch, mathematische Ableitungen irgendeines Grades kämpfen oder das Periodensystem auswendig lernen, hatten aber den Vorteil, die Berufswahl noch etwas aufschieben zu können. Die andern konnten ihre Ausbildung in ihrem Traumberuf machen, mussten dafür acht Stunden am Tag arbeiten und verdienten ihr erstes eigenes Geld. Wie auch immer wir uns entschieden, es war klar, jetzt gehörten wir tatsächlich zu den Großen, die Kindheit war endgültig vorbei und vor uns lag das Erwachsenenleben mit all seinen Möglichkeiten. Es wurde Zeit, den Kindertagen und der Jugend Lebewohl zu sagen und nach vorn in den nächsten Lebensabschnitt zu blicken: dem Erwachsensein.

Auf Abschlussfahrt in Rom mit dem Jahrgang. Bald würden die Weichen neu gestellt.